LA BIBLE DU CODE DE LA ROUTE 2025
Réussissez en Seulement 10 Jours

MASTER PERMIS

Master Permis Edition

Toute reproduction est interdite.

ISBN : 9798340092199

MASTER PERMIS

LA BIBLE DU CODE DE LA ROUTE 2025

SOMMAIRE

- Introduction
- **Chapitre 1 - Les Bases du Code de la Route**

Introduction au code de la route : Histoire et objectifs

Pourquoi est-il important de maîtriser le code de la route ?

Notions fondamentales : permis à points, comportements à risques

QCM : Test de compréhension générale

- **Chapitre 2 - Les Panneaux de Signalisation**

Différents types de panneaux : danger, interdiction, obligation, direction

Apprendre à identifier et comprendre chaque type de panneau

Exemples visuels et explications concrètes

QCM sur les panneaux de signalisation

- **Chapitre 3 - Les Règles de Priorité**

Comprendre les priorités à droite, céder le passage, stop, et rond-point

Cas spécifiques : intersections complexes, signalisation absente

Scénarios réels et comment réagir correctement
QCM : Exercices sur les règles de priorité

- **Chapitre 4 - Maitriser son Véhicule**

Contrôle du véhicule : position des mains, réglages, démarrage
Les bases du freinage et de la gestion de la vitesse
Comment appréhender les conditions météo (pluie, neige, verglas)
QCM : Scénarios pratiques de conduite

- **Chapitre 5 - La Sécurité des Passagers**

Importance du port de la ceinture
Sécurisation des enfants, sièges auto
Risques liés à la surcharge du véhicule
QCM : Sécurité des passagers

- **Chapitre 6 - Les Situations Dangereuses**

Conduite en cas d'urgence : freinage d'urgence, dérapage
Gestion des accidents et attitude à adopter
L'importance de l'assurance et du constat amiable
QCM : Exercices sur la gestion des situations dangereuses

- **Chapitre 7 - Réglementation en Agglomération**

Vitesse autorisée, respect des passages piétons
Gestion du trafic en ville : embouteillages, feux

tricolores, piétons
Stationnement et infractions courantes
QCM : Conduite en agglomération

- **Chapitre 8 - La Conduite sur Route et Autoroute**

Différences entre route départementale et autoroute
Règles spécifiques de conduite sur autoroute
Distance de sécurité, dépassements, gestion des sorties
QCM : Exercices sur la conduite sur route/autoroute

- **Chapitre 9 - L'Éco-Conduite**

Qu'est-ce que l'éco-conduite et pourquoi est-elle importante ?
Comment économiser du carburant tout en conduisant prudemment
L'impact environnemental de la conduite

- **Chapitre 10 - Préparer et Réussir son Examen**

Conseils pratiques pour être prêt le jour de l'examen
Gérer le stress, erreurs courantes à éviter
Réviser efficacement : où trouver des ressources supplémentaires
QCM final : Simulation d'examen

- Réponses aux QCM
- Conclusion

INTRODUCTION

Vous vous apprêtez à relever un défi important : réussir l'examen du code de la route, étape indispensable pour obtenir votre permis de conduire. Que vous soyez déjà en plein dans vos révisions ou que vous veniez tout juste de commencer, ce livre est conçu pour vous accompagner de A à Z dans cette préparation, de manière simple, efficace et surtout motivante !

L'objectif est clair : **réussir votre code de la route en seulement 10 jours** grâce à un programme complet, structuré et progressif. Vous n'êtes pas seul dans ce parcours, et ce guide a été spécialement pensé pour vous donner les meilleurs outils, conseils, et astuces afin de maximiser vos chances de réussite.

Pourquoi ce livre est différent ?

Ce livre n'est pas un simple manuel de révisions. Il est conçu pour que **chaque jour de travail vous rapproche un peu plus de la réussite**, avec des explications claires, des exemples concrets, et surtout des QCM à la fin de chaque section pour tester vos connaissances en temps réel. De plus, à travers ces pages, vous découvrirez non seulement **les règles du code de la route**, mais aussi **comment les appliquer dans des situations réelles**.

Nous savons que l'apprentissage du code peut parfois sembler fastidieux. C'est pourquoi ce livre a été pensé pour être **motivant et interactif**, afin que chaque notion apprise se transforme en compétence que vous utiliserez bientôt sur la route.

Ce que vous allez apprendre dans ce livre

En lisant ce guide, vous allez acquérir une maîtrise complète de toutes les notions nécessaires pour réussir l'examen. Voici les **principaux thèmes abordés** :

- **Les panneaux de signalisation** : Apprendre à reconnaître et comprendre les différents types de panneaux (danger, obligation, direction, etc.) est l'une des bases indispensables à maîtriser.
- **Les règles de priorité** : Savez-vous qui doit passer en premier à une intersection sans signalisation ? Vous découvrirez ici les règles qui régissent la circulation dans des situations complexes.
- **Maitriser son véhicule** : Comprendre comment contrôler votre voiture, que ce soit en termes de vitesse, de freinage ou de démarrage, est essentiel pour garantir la sécurité de tous.
- **La sécurité des passagers** : Vous apprendrez comment assurer la protection de tous les occupants du véhicule, que ce soit pour les adultes ou les enfants.
- **Les situations dangereuses** : Que faire en cas d'accident ? Comment réagir face à un dérapage ? Vous saurez exactement comment anticiper et gérer les situations d'urgence.
- **Les QCM de fin de cours** : À chaque fin de chapitre, vous trouverez des questions à choix multiples (QCM) avec les réponses détaillées pour vous entraîner dans des conditions proches de l'examen.

Comment utiliser ce livre pour réussir en 10 jours

Nous avons réparti l'ensemble des connaissances en **10**

chapitres principaux pour que vous puissiez suivre une progression claire et logique. Chaque chapitre contient :

1. **Un cours détaillé** sur une notion fondamentale du code de la route.
2. **Des exemples pratiques et des conseils** pour appliquer cette notion dans la réalité.
3. **Un QCM** en fin de chapitre avec des réponses détaillées, afin de vous entraîner efficacement.

En suivant ce programme, vous pouvez diviser votre travail sur **10 jours**, en consacrant environ **1 à 2 heures par jour**. Cela vous permettra d'assimiler les notions sans vous surcharger tout en vous rapprochant progressivement de votre objectif.

Pourquoi le Code de la Route est-il si important ?

Le code de la route, au-delà d'un simple examen, est **une véritable base pour garantir votre sécurité et celle des autres usagers de la route**. Apprendre ces règles, c'est comprendre comment se comporter dans une situation qui peut vite devenir dangereuse. C'est aussi adopter des réflexes qui vous protégeront, vous et vos passagers, pour les années à venir.

À chaque fois que vous montez dans un véhicule, que vous soyez conducteur ou passager, vous faites partie d'un système complexe, où des millions de voitures circulent chaque jour. Ce système repose sur un ensemble de règles communes, qui permettent à chacun de se déplacer en toute sécurité.

Un engagement personnel

Apprendre le code de la route n'est pas seulement une formalité pour obtenir un permis de conduire, c'est aussi un **engagement personnel** pour contribuer à une circulation plus sûre et plus fluide. La conduite est une responsabilité. En réussissant cet examen, vous ferez un pas de plus vers l'indépendance et la liberté, mais aussi vers une conduite **responsable et respectueuse des autres**.

Alors, êtes-vous prêt à relever ce défi ? Si vous suivez ce livre sérieusement, vous vous rendrez compte que le code de la route n'est pas aussi compliqué qu'il y paraît. Avec de la discipline et un peu d'effort, **vous serez prêt à réussir l'examen du premier coup** !

CHAPITRE 1 : LES BASES DU CODE DE LA ROUTE

1.1 Introduction au Code de la Route

Le code de la route est un ensemble de règles destinées à réguler la circulation sur les routes et à garantir la sécurité de tous les usagers, qu'il s'agisse de piétons, de cyclistes, de motocyclistes ou d'automobilistes. Ces règles permettent à chacun de circuler en toute sécurité, en évitant les accidents et en favorisant une circulation fluide. En France, la formation au code de la route est une étape indispensable pour obtenir le permis de conduire, et réussir l'examen théorique est obligatoire avant de passer à la conduite pratique.

Le code de la route est apparu en France au début du 20e siècle, alors que le nombre de véhicules motorisés commençait à augmenter. Depuis, il a évolué pour s'adapter aux nouvelles technologies, aux types de véhicules et aux besoins de sécurité. Aujourd'hui, il inclut non seulement des règles de priorité et de signalisation, mais aussi des notions de respect de l'environnement avec l'apparition de concepts comme l'éco-conduite.

1.2 Pourquoi le Code de la Route est-il essentiel ?

Apprendre et maîtriser le code de la route, c'est bien plus que répondre à des questions lors d'un examen. Ces règles sont là pour protéger non seulement votre vie, mais aussi celle des autres. Voici quelques raisons clés pour lesquelles le code est crucial :

- **Assurer la sécurité routière** : En respectant les règles, on réduit le risque d'accidents, parfois mortels.
- **Harmoniser la circulation** : Les règles de priorité, la signalisation et les limitations de vitesse permettent à chacun de circuler de manière fluide et organisée.
- **Préserver votre permis** : Le système de points en France est conçu pour encourager les conducteurs à respecter les règles. Toute infraction peut vous faire perdre des points, et trop d'infractions peuvent entraîner une suspension de permis.
- **Réduire l'impact environnemental** : Certaines règles, notamment en matière de vitesse ou d'éco-conduite, visent aussi à réduire la consommation de carburant et les émissions polluantes.

1.3 Permis à points : Comment ça marche ?

Le système du permis à points, en place depuis 1992 en France, est un outil destiné à encourager les conducteurs à adopter un comportement plus responsable sur la route. Chaque titulaire du permis de conduire dispose de **12 points** sur son permis. En cas d'infraction, ces points peuvent être retirés, et lorsque le solde atteint zéro, le permis est invalidé.

Voici comment fonctionne ce système :

- Chaque infraction commise entraîne un retrait de points, en fonction de la gravité de l'infraction. Par exemple, un excès de vitesse mineur peut coûter 1 à 3 points, tandis que la conduite sous l'emprise de l'alcool peut entraîner une perte de 6 points.
- Il est possible de récupérer des points en adoptant un comportement exemplaire (aucune infraction pendant trois ans) ou en participant à des stages de récupération de points.
- Pour les jeunes conducteurs, le permis probatoire ne comporte que 6 points pendant les trois premières années suivant l'obtention du permis. Chaque année sans infraction permet de récupérer 2 points supplémentaires.

1.4 Comportements à risques : Ce qu'il faut éviter à tout prix

Certains comportements sont particulièrement dangereux sur la route et sont strictement sanctionnés par le code de la route. Voici quelques-uns des comportements à risques les plus courants :

1. **L'alcool au volant** : L'alcool réduit considérablement les capacités de réaction et de jugement du conducteur. En France, la limite légale est de 0,5 g/l de sang (ou 0,2 g/l pour les conducteurs en période

probatoire).
2. **Le téléphone au volant** : Utiliser un téléphone portable en conduisant, même avec un kit mains libres, augmente considérablement les risques d'accident. Il est strictement interdit d'utiliser son téléphone sans dispositif adapté.
3. **La vitesse excessive** : Rouler trop vite diminue le temps de réaction en cas d'urgence et augmente la gravité des accidents. Respecter les limitations de vitesse est crucial pour la sécurité de tous.
4. **La fatigue au volant** : Conduire en étant fatigué est aussi dangereux que conduire sous l'emprise de l'alcool. Les signes de fatigue incluent des bâillements fréquents, des yeux lourds et des difficultés à se concentrer.

1.5 Les sanctions en cas d'infractions

En cas de non-respect des règles du code de la route, des sanctions peuvent être appliquées sous différentes formes :

- **Amendes** : La gravité de l'infraction détermine le montant de l'amende. Par exemple, un excès de vitesse peut entraîner une amende de 135 euros (pour une infraction de classe 4).
- **Suspension ou retrait de permis** : Pour les infractions graves (alcoolémie, conduite dangereuse), le permis peut être suspendu, voire

retiré définitivement.
- **Prison** : Dans les cas extrêmes, comme la récidive d'une conduite en état d'ivresse ou un accident mortel, des peines de prison peuvent être prononcées.

1.6 QCM : Test de compréhension générale

Pour conclure ce chapitre, voici quelques **questions à choix multiples** pour vérifier vos connaissances des bases du code de la route.

1. Quelle est la limite de points pour les jeunes conducteurs pendant les trois premières années du permis ? a) 12 points
b) 6 points
c) 9 points

2. Quelle est la limite légale d'alcool pour un conducteur expérimenté en France ?
a) 0,2 g/l de sang
b) 0,5 g/l de sang
c) 1 g/l de sang

3. En cas de non-respect des limitations de vitesse, quelle est la sanction minimale en France ? a) Une suspension de permis
b) Une amende et un retrait de points
c) Une peine de prison

4. Quel comportement est le plus dangereux selon le code de la route ?
a) Conduire sans ceinture
b) Utiliser un téléphone au volant

c) Conduire fatigué

1.7 Les différents types de signalisation routière

La signalisation routière est un des piliers fondamentaux du code de la route. Elle sert à informer, guider, et prévenir les conducteurs, afin d'assurer la sécurité de tous les usagers. Il existe plusieurs types de signalisations que vous devez absolument connaître pour réussir l'examen du code de la route. Voici les principaux :

- **Les panneaux de danger** : Ces panneaux, souvent triangulaires avec un contour rouge, signalent une situation dangereuse imminente. Par exemple, un virage dangereux, un passage piéton ou une intersection.
- **Les panneaux d'obligation** : De forme ronde et bleue, ces panneaux indiquent une action obligatoire, comme la direction à suivre ou l'obligation d'utiliser une voie spécifique.
- **Les panneaux d'interdiction** : Ces panneaux, également ronds mais avec un fond blanc et un contour rouge, interdisent certaines actions. Ils peuvent, par exemple, interdire le stationnement ou le dépassement.
- **Les panneaux de priorité** : Ils précisent qui doit céder le passage dans une intersection. Les plus communs sont le panneau de « cédez le passage » (triangle à pointe vers le bas) et le « stop » (panneau octogonal rouge).
- **Les panneaux de direction** : Ces panneaux,

généralement rectangulaires et de couleur verte, indiquent les directions à prendre pour se rendre dans différentes villes ou destinations.

1.8 Les marquages au sol : Comprendre leur rôle

Les marquages au sol jouent un rôle complémentaire à la signalisation verticale (les panneaux) en guidant les conducteurs directement sur la chaussée. Voici les marquages les plus courants et leur signification :

- **Les lignes blanches continues** : Elles interdisent le franchissement. Il est interdit de dépasser ou de changer de voie lorsque ces lignes sont présentes.
- **Les lignes blanches discontinues** : Elles autorisent les dépassements ou les changements de voie sous certaines conditions (visibilité, sécurité).
- **Les lignes jaunes** : Elles signalent des restrictions temporaires, souvent liées à des travaux ou à des événements temporaires.
- **Les passages piétons** : Composés de bandes blanches parallèles, ces marquages indiquent les zones où les piétons ont la priorité.
- **Les flèches de direction** : Elles indiquent aux conducteurs la direction à suivre dans chaque voie, notamment aux intersections.

Connaître et respecter ces marquages est essentiel pour garantir la sécurité et éviter les infractions.

1.9 Les règles de priorité : Qui passe en premier ?

Savoir qui a la priorité est une compétence essentielle pour réussir à la fois l'examen du code de la route et la conduite sur la route. Voici les principales règles de priorité à connaître :

- **Priorité à droite** : Lorsqu'il n'y a aucun panneau de signalisation ou marquage au sol, la priorité est donnée aux véhicules venant de droite. C'est la règle la plus commune en France.
- **Cédez le passage** : Lorsque vous rencontrez un panneau triangulaire (pointe vers le bas), vous devez céder le passage aux véhicules venant des autres directions.
- **Stop** : Avec un panneau octogonal rouge portant la mention « STOP », vous devez impérativement marquer un arrêt complet et céder le passage avant de repartir, même si la voie est libre.
- **Rond-point** : Dans un rond-point, vous devez céder le passage aux véhicules déjà engagés dans le rond-point, à moins qu'un panneau indique le contraire.

1.10 La conduite en conditions difficiles

Une partie importante du code de la route consiste à savoir comment adapter sa conduite en fonction des conditions météorologiques ou de la visibilité. Conduire en toute sécurité dans des conditions difficiles demande de l'attention et des ajustements appropriés.

- **Conduite sous la pluie** : La pluie réduit la visibilité et allonge les distances de freinage. En

cas de forte pluie, il est recommandé de réduire sa vitesse et d'augmenter la distance de sécurité avec le véhicule devant.
- **Conduite de nuit** : La conduite de nuit nécessite plus de vigilance. Utilisez les feux de croisement dans les zones éclairées et les feux de route (pleins phares) lorsque la route est sombre et qu'il n'y a pas de véhicule en face.
- **Conduite sur neige ou verglas** : Ces conditions rendent la route extrêmement glissante. Réduisez votre vitesse, évitez les mouvements brusques et anticipez davantage les arrêts.

1.11 Éco-conduite : **Conduire de manière responsable**

L'éco-conduite est une manière de conduire qui permet de réduire la consommation de carburant et l'impact environnemental de votre véhicule. Elle fait partie des nouvelles thématiques du code de la route, car elle contribue à une conduite plus respectueuse de l'environnement et plus économique.

Voici quelques conseils pour adopter une éco-conduite :

- **Anticiper les ralentissements** : En levant le pied de l'accélérateur plutôt que de freiner brusquement, vous économisez du carburant.
- **Maintenir une vitesse stable** : Les accélérations et freinages brusques consomment plus de carburant. Essayez de rouler à une vitesse

constante, en utilisant éventuellement le régulateur de vitesse.
- **Entretenir votre véhicule** : Un véhicule bien entretenu (pneus correctement gonflés, moteur en bon état) consomme moins de carburant.
- **Réduire la charge** : Moins votre véhicule est chargé, moins il consomme. Pensez à retirer les objets inutiles, notamment les barres de toit qui augmentent la résistance à l'air.

1.12 Test de Connaissances – QCM

Voici un autre ensemble de **questions à choix multiples** pour vous aider à vérifier votre compréhension des règles de priorité et de signalisation.

1. Que signifie une ligne blanche continue au sol ?
a) Il est interdit de dépasser ou de changer de voie
b) Il est possible de doubler avec prudence
c) Elle signale un passage pour piétons

2. Dans quel cas la priorité à droite s'applique-t-elle ?
a) Lorsqu'un panneau stop est présent
b) Lorsqu'il n'y a aucune signalisation ou marquage au sol
c) Lorsqu'un rond-point est présent

3. Quelle est la principale recommandation pour une conduite sous la pluie ?
a) Accélérer pour éviter les embouteillages
b) Maintenir la vitesse habituelle
c) Réduire sa vitesse et augmenter la distance de

sécurité

4. Quel est l'avantage principal de l'éco-conduite ?
a) Réduire les accidents
b) Consommer moins de carburant et polluer moins
c) Rouler plus vite

CHAPITRE 2 : LES PANNEAUX DE SIGNALISATION

La signalisation routière est l'un des éléments fondamentaux du code de la route. Elle guide les conducteurs en leur donnant des informations essentielles pour circuler en toute sécurité et respecter les règles de priorité. Les panneaux de signalisation peuvent sembler nombreux, mais ils sont classés en catégories spécifiques pour faciliter leur compréhension. Connaître ces panneaux et leur signification est primordial pour réussir l'examen du code de la route et pour assurer une conduite sécurisée.

2.1 Les catégories de panneaux

Il existe plusieurs catégories de panneaux de signalisation, chacune ayant un rôle précis dans la gestion de la circulation :

- **Les panneaux de danger** : Ces panneaux préviennent les conducteurs d'un danger ou d'une situation potentiellement dangereuse à proximité. Ils sont généralement de forme triangulaire avec un contour rouge.
- **Les panneaux d'interdiction** : Ces panneaux

signalent ce qui est interdit dans une zone spécifique. Ils sont ronds avec un fond blanc et un contour rouge. Un exemple commun est le panneau "interdiction de stationner".

- **Les panneaux d'obligation** : Contrairement aux panneaux d'interdiction, ces panneaux indiquent une action obligatoire. Ils sont ronds avec un fond bleu. Par exemple, le panneau "passage obligatoire à droite" impose une direction.
- **Les panneaux d'indication** : Ces panneaux fournissent des informations utiles sur la route. Par exemple, le panneau signalant une station-service à venir ou une aire de repos.
- **Les panneaux de priorité** : Ils indiquent les règles de priorité dans des intersections. Le plus connu est le panneau « cédez le passage » ou encore « stop », qui obligent le conducteur à céder la priorité ou à marquer un arrêt complet.
- **Les panneaux temporaires** : Souvent jaunes, ils sont utilisés lors de travaux ou de modifications temporaires du trafic. Ils nécessitent une attention particulière car les règles peuvent changer temporairement.

△	Rouge et blanc	50 m en agglomération, 150 m en dehors	Danger
○	Rouge et blanc	À l'endroit	Ordre, interdiction ou prescription
●	Bleu foncé et blanc	À l'endroit	Obligation
■	Bleu foncé et blanc	À l'endroit ou avant en fonction des besoins	Indication
▭	Blanc	À l'endroit	Localisation
▶	Vert ou bleu	À l'endroit où il faut changer de direction	Direction

2.2 Les panneaux de danger

Les panneaux de danger signalent un risque imminent et appellent à une vigilance accrue. Voici quelques exemples de panneaux de danger couramment rencontrés :

Succession de virages dont le premier est à droite — Succession de virages dont le premier est à gauche — Cassis ou dos-d'âne — Ralentisseur — Chaussée rétrécie par la droite

- **Virage dangereux à droite (ou à gauche)** : Un panneau triangulaire avec un virage indique un tournant potentiellement risqué. Le conducteur doit ralentir et être prêt à manœuvrer avec précaution.
- **Passage piéton** : Ce panneau avertit que des piétons peuvent traverser la chaussée à cet endroit. Le conducteur doit être prêt à s'arrêter.
- **Ralentisseurs ou dos d'âne** : Ce panneau prévient d'un ralentisseur ou d'un dos d'âne, ce qui oblige le conducteur à ralentir pour éviter des chocs désagréables.
- **Carrefour à sens giratoire** : Indique la présence d'un rond-point. Le conducteur doit céder le passage aux véhicules déjà engagés dans le rond-point.

2.3 Les panneaux d'interdiction

Les panneaux d'interdiction sont omniprésents sur la route et servent à maintenir la sécurité en évitant des comportements dangereux ou inappropriés. Voici quelques exemples de panneaux d'interdiction :

Interdiction de dépasser : Ce panneau, avec deux voitures côte à côte (une noire et une rouge), interdit de dépasser un autre véhicule.

- **Interdiction de faire demi-tour** : Représenté par une flèche qui fait un demi-tour barrée, ce panneau empêche les véhicules de faire demi-tour dans une zone spécifique.

- **Interdiction d'entrer (sens interdit)** : Un panneau rond rouge avec une barre blanche horizontale signifie que l'accès à cette voie est interdit dans le sens où vous circulez.

2.4 Les panneaux d'obligation

Les panneaux d'obligation sont présents dans des zones spécifiques où les conducteurs doivent suivre une direction ou respecter une règle particulière. Exemples :

- **Direction obligatoire** : Représenté par une flèche blanche sur un fond bleu, ce panneau oblige les conducteurs à prendre une direction particulière (à droite, à gauche, tout droit, etc.).

- **Chaînes obligatoires** : Ce panneau impose l'utilisation de chaînes à neige dans certaines conditions hivernales.

2.5 Les panneaux d'indication

Les panneaux d'indication fournissent des informations utiles pour guider les conducteurs ou les avertir d'une situation particulière. Ils permettent de faciliter la conduite, en offrant des repères importants :

- **Station-service** : Ce panneau bleu avec une pompe à essence signale la proximité d'une station-service.

- **Parking** : Un panneau carré avec un P blanc sur fond bleu indique une zone de stationnement.

- **Téléphone** : Ce panneau informe de la présence d'une cabine téléphonique à proximité.

2.6 QCM : Testez vos connaissances sur les panneaux de signalisation

Pour clôturer cette section sur les panneaux de signalisation, voici quelques questions à choix multiples pour évaluer votre compréhension.

1. Que signifie un panneau triangulaire avec un contour rouge et un symbole de virage à gauche ?
a) Un virage dangereux à gauche
b) Une obligation de tourner à gauche
c) Une interdiction de tourner à gauche

2. Un panneau rond blanc avec une barre rouge horizontale signifie :
a) Une obligation de céder le passage
b) Un sens interdit
c) Un stationnement interdit

3. Quel type de panneau est utilisé pour signaler une station-service ?
a) Un panneau d'obligation
b) Un panneau d'interdiction
c) Un panneau d'indication

4. Que signifie un panneau rond avec deux voitures, l'une noire et l'autre rouge ?
a) Une interdiction de dépasser
b) Une interdiction de s'arrêter
c) Une obligation de dépasser

2.7 Les panneaux de priorité

Les panneaux de priorité sont essentiels pour

comprendre qui doit céder le passage dans différentes situations sur la route. Ces panneaux permettent de fluidifier la circulation et d'éviter les accidents dans les intersections ou autres points de rencontre entre véhicules.

Voici les principaux panneaux de priorité que vous devez absolument connaître :

- **Cédez le passage** : Ce panneau triangulaire à bord rouge, avec une pointe vers le bas et un fond blanc, indique que vous devez céder le passage aux véhicules circulant sur la route prioritaire. Vous n'êtes pas obligé de vous arrêter, mais vous devez ralentir et vérifier que la voie est libre.
- **Stop** : Ce panneau octogonal rouge avec le mot « STOP » impose un arrêt total à l'intersection. Vous devez marquer un arrêt complet, même si la voie est dégagée, et céder le passage aux autres véhicules avant de repartir.
- **Route prioritaire** : Ce panneau en forme de losange jaune avec un contour blanc indique que vous circulez sur une route prioritaire. Vous conservez la priorité jusqu'à ce qu'un autre panneau indique la fin de cette priorité.
- **Fin de route prioritaire** : Ce panneau, similaire à celui de la route prioritaire mais barré d'un trait noir diagonal, signale que la route prioritaire prend fin, et que vous devrez alors céder la priorité selon les règles de priorité à droite ou selon d'autres signalisations présentes.

2.8 Les panneaux temporaires : attention aux travaux

Les panneaux temporaires sont souvent utilisés lors de travaux, d'accidents ou d'événements spéciaux pour indiquer des changements temporaires dans la réglementation de la circulation. Ces panneaux sont généralement jaunes afin d'être plus visibles et de signaler une situation inhabituelle.

Voici quelques exemples courants de panneaux temporaires :

- **Déviation** : Ce panneau indique un itinéraire temporaire à suivre en raison de travaux ou d'une fermeture de route. Il est important de suivre attentivement ces déviations pour éviter les zones interdites.
- **Travaux** : Ce panneau triangulaire avec une silhouette de personne creusant prévient la présence de travaux sur la route. Le conducteur doit ralentir et être vigilant.
- **Réduction de voie** : Ce panneau triangulaire indique que la voie se rétrécit en raison de travaux ou d'un obstacle temporaire. Il faut généralement changer de voie ou réduire sa vitesse pour s'adapter à la circulation.

Ces panneaux temporaires exigent une attention accrue, car les règles peuvent différer de celles habituelles, et le non-respect de ces signalisations peut entraîner des sanctions importantes.

2.9 Conseils pour mémoriser les panneaux de signalisation

Il peut être difficile de mémoriser tous les panneaux de signalisation, mais voici quelques astuces pour vous aider à les retenir plus facilement :

- **Classer les panneaux par catégorie** : Connaître les différentes catégories de panneaux (danger, obligation, interdiction, etc.) vous aidera à rapidement comprendre leur fonction sans avoir besoin de les apprendre individuellement.
- **Associer un symbole à chaque action** : Par exemple, un triangle pointe en bas (cédez le passage) vous rappellera l'obligation de ralentir, tandis qu'un octogone rouge (STOP) vous rappellera un arrêt obligatoire.
- **Pratiquer avec des QCM** : Les tests QCM sont un excellent moyen de s'entraîner à reconnaître les panneaux de signalisation. Plus vous vous exercerez, plus ils deviendront familiers.
- **Visualiser les panneaux sur la route** : Chaque fois que vous circulez en tant que passager ou piéton, essayez de repérer et d'identifier les panneaux autour de vous. Cela renforcera votre capacité à les reconnaître rapidement lors de l'examen.

2.10 QCM : Test final sur les panneaux de signalisation

Voici quelques questions supplémentaires pour tester vos connaissances sur les panneaux de priorité et temporaires.

1. Un panneau octogonal rouge avec la mention "STOP" vous impose de :
a) Marquer un arrêt complet avant de céder le passage
b) Ralentir uniquement si la route est occupée
c) Céder le passage sans s'arrêter

2. Que signifie un panneau en forme de losange jaune avec un contour blanc ?
a) Fin de route prioritaire
b) Route prioritaire
c) Route interdite aux véhicules

3. Quel panneau indique une réduction de voie en raison de travaux ?
a) Un panneau triangulaire avec une silhouette de personne creusant
b) Un panneau rond bleu avec une flèche
c) Un panneau en forme d'hexagone rouge

4. En présence d'un panneau triangulaire jaune indiquant une déviation, que devez-vous faire ?
a) Ignorer le panneau si vous connaissez la route
b) Suivre l'itinéraire indiqué par la déviation
c) Revenir sur vos pas et changer de route

CHAPITRE 3 : LES RÈGLES DE PRIORITÉ

Les règles de priorité sont parmi les plus importantes du code de la route. Elles permettent de savoir qui doit céder le passage à une intersection, un rond-point ou tout autre endroit où plusieurs véhicules se croisent. Comprendre et appliquer ces règles est fondamental pour assurer une conduite sécuritaire et éviter les accidents.

3.1 Priorité à droite : une règle fondamentale

En France, la priorité à droite est l'une des règles de base. Elle signifie que lorsque vous arrivez à une intersection sans signalisation, vous devez céder le passage aux véhicules qui arrivent à votre droite. Cette règle est particulièrement courante dans les petites intersections de ville et les zones résidentielles.

Exemples de situations où la priorité à droite s'applique :

- Lorsque vous approchez d'un croisement sans signalisation.
- Dans les zones résidentielles ou rurales sans panneaux.
- Dans certaines intersections complexes où les

règles locales l'imposent.

Exception : Dans les zones indiquées par un panneau de route prioritaire ou à l'approche d'un rond-point, la priorité à droite ne s'applique pas. Il faut suivre les autres règles de signalisation en vigueur.

3.2 Les panneaux de priorité : "Cédez le passage" et "Stop"

Les panneaux de **cédez le passage** et **stop** sont essentiels pour gérer les intersections où la priorité à droite n'est pas appliquée. Comprendre la différence entre ces deux panneaux est crucial.

- **Cédez le passage** : Ce panneau triangulaire indique que vous devez ralentir et céder le passage aux véhicules qui circulent sur la route principale. Vous n'êtes pas obligé de vous arrêter complètement, mais vous devez vérifier que la voie est libre avant de vous engager.

- **Stop** : Le panneau stop est plus strict. Il impose un arrêt complet. Vous devez vous arrêter à la ligne blanche marquée au sol (ou avant l'intersection si la visibilité est limitée), et céder le passage à tous les véhicules présents sur la route principale.

Exemple pratique : Imaginez que vous arrivez à une intersection avec un panneau "cédez le passage". Vous voyez une voiture qui arrive à gauche. Dans ce cas, vous devez céder le passage à cette voiture, même si vous venez de droite, car le panneau modifie la règle de priorité habituelle.

3.3 La priorité dans les ronds-points

Les ronds-points sont des intersections particulières qui possèdent leur propre logique de priorité. En France, lorsqu'on approche d'un rond-point, la règle générale est de céder le passage aux véhicules déjà engagés dans le rond-point.

Fonctionnement des ronds-points :

- À l'entrée d'un rond-point, vous verrez généralement un panneau "cédez le passage".
- Vous devez ralentir et céder le passage à toutes les voitures circulant déjà dans le rond-point.
- Vous ne devez pas vous engager dans le rond-point si la voie n'est pas libre.

Astuce pour bien négocier un rond-point :

- Ralentissez bien avant d'atteindre le rond-point.
- Soyez attentif aux véhicules venant de votre gauche.
- Utilisez vos clignotants pour signaler votre intention de sortir du rond-point.

3.4 Les intersections complexes : gestion des priorités

Certaines intersections sont particulièrement complexes, notamment dans les zones urbaines où plusieurs routes convergent. Voici quelques principes à garder à l'esprit dans ces situations :

- **Priorité à droite** : Si aucune signalisation n'est présente, la règle de la priorité à droite s'applique.
- **Feux de signalisation** : Lorsque des feux sont présents, vous devez suivre leurs indications, même si vous venez d'une route prioritaire.
- **Signaux des forces de l'ordre** : En présence d'un agent de police ou d'un autre agent régulant la circulation, ses instructions priment sur toutes les autres règles.

3.5 Les piétons et les passages protégés

Les piétons bénéficient d'une priorité importante, surtout dans les zones urbaines. Voici quelques règles à respecter concernant les passages protégés :

- **Priorité des piétons** : Les piétons ont toujours la priorité lorsqu'ils traversent sur un passage protégé, qu'ils soient engagés ou non. Vous devez vous arrêter pour leur céder le passage.
- **Distance de sécurité** : Vous devez ralentir à l'approche des passages protégés et maintenir une distance suffisante pour pouvoir vous arrêter en toute sécurité.

Conseil pratique : Soyez toujours attentif à la présence de piétons, même en l'absence de passages protégés. Ils peuvent parfois surgir soudainement, notamment près des écoles ou des zones piétonnes.

3.6 QCM : Testez vos connaissances sur les règles

de priorité

Voici un QCM pour évaluer votre compréhension des règles de priorité.

1. Dans quel cas devez-vous céder le passage à droite ?

a) À toutes les intersections sans signalisation

b) Seulement lorsque vous voyez un panneau "Stop"

c) À toutes les intersections avec un panneau de cédez le passage

2. Comment devez-vous réagir en présence d'un panneau "Stop" ?

a) Marquer un arrêt complet avant de céder le passage

b) Ralentir seulement si d'autres véhicules sont présents

c) Céder le passage aux véhicules venant de droite uniquement

3. Que devez-vous faire en entrant dans un rond-point ?

a) Accélérer pour ne pas bloquer la circulation

b) Céder le passage aux véhicules déjà engagés

c) Suivre la règle de priorité à droite

4. Dans quelle situation devez-vous absolument céder la priorité aux piétons ?

a) Uniquement lorsqu'ils sont déjà engagés sur la chaussée

b) À tous les passages protégés, même s'ils ne sont pas encore engagés

c) Seulement s'il y a des panneaux ou des feux pour

les piétons

3.7 La priorité en agglomération

En agglomération, la priorité à droite reste la règle principale, mais certaines spécificités doivent être prises en compte, notamment en fonction de la densité du trafic et des panneaux présents. Dans les villes, il est important de respecter scrupuleusement les limitations de vitesse et de prêter une attention particulière aux panneaux de signalisation.

Situations fréquentes en agglomération :

- **Voies de bus** : Les véhicules circulant sur des voies réservées, telles que les voies de bus, ont la priorité lorsqu'ils se réinsèrent dans la circulation normale. Il est donc important d'être vigilant lorsqu'un bus quitte son couloir réservé.
- **Passages piétons** : Il est primordial de toujours céder le passage aux piétons, surtout dans les zones où la signalisation est absente. Les passages protégés en ville sont fréquents et impliquent une vigilance accrue de la part des conducteurs.
- **Ralentisseurs et zones de rencontre** : Ces zones sont souvent équipées de ralentisseurs ou de dos d'âne pour inciter les conducteurs à réduire leur vitesse. Les piétons peuvent y circuler librement et ont la priorité absolue.

3.8 Les exceptions à la règle de la priorité à droite

Bien que la règle de la priorité à droite s'applique

dans la majorité des situations, il existe des exceptions à cette règle. Voici quelques exemples d'exceptions courantes :

- **Ronds-points** : Comme mentionné précédemment, dans un rond-point, vous devez céder le passage aux véhicules déjà engagés dans la circulation.
- **Panneaux de priorité** : Lorsque vous rencontrez un panneau "Route prioritaire" (losange jaune), la priorité à droite ne s'applique plus. Vous conservez la priorité jusqu'à la fin de la route prioritaire, indiquée par le panneau de fin de route prioritaire.
- **Cédez le passage et stop** : Ces panneaux modifient la règle de la priorité à droite en exigeant que vous laissiez passer les autres véhicules avant de vous engager.
- **Transport en commun** : En ville, les trams et bus qui roulent sur des voies réservées ou à côté des voies normales peuvent avoir la priorité sur les véhicules classiques dans certaines conditions.

3.9 La priorité sur les routes de montagne

Sur les routes de montagne, la gestion des priorités est différente en raison des contraintes spécifiques liées à la topographie. En particulier, lorsqu'il n'y a pas assez de place pour que deux véhicules se croisent, des règles de priorité spécifiques s'appliquent.

Voici quelques règles importantes à retenir :

- **Les véhicules montant ont la priorité** : En règle générale, les véhicules qui montent ont la priorité sur ceux qui descendent, car il est souvent plus difficile de redémarrer en côte que de freiner en descente.
- **Les poids lourds et les véhicules encombrants** : En cas de difficulté pour croiser un véhicule lourd ou encombrant, celui-ci bénéficie de la priorité, quel que soit son sens de circulation.
- **Aires de croisement** : Sur certaines routes étroites, des aires de croisement sont aménagées pour permettre aux véhicules de se croiser en toute sécurité. Si vous voyez une aire de croisement devant vous, vous devez vous y arrêter pour laisser passer l'autre véhicule.

3.10 Les situations particulières : intersections à feux défaillants

Il arrive parfois que les feux de signalisation ne fonctionnent pas correctement, notamment lors d'une panne électrique ou d'un accident. Dans ce cas, les règles de priorité doivent être respectées avec encore plus de prudence.

Voici comment gérer une intersection à feux défaillants :

- **Priorité à droite** : En l'absence de feux de signalisation, la règle de la priorité à droite reprend ses droits. Soyez extrêmement vigilant aux autres usagers de la route.

- **Vérifiez les panneaux** : Même si les feux sont en panne, les panneaux de cédez le passage ou de stop restent valides et doivent être respectés.
- **Attention aux autres conducteurs** : Certains conducteurs peuvent être perturbés par la défaillance des feux. Prenez toujours le temps de vérifier les intentions des autres véhicules avant de vous engager.

3.11 QCM : Testez vos connaissances sur la priorité en agglomération et en situation particulière

Testez maintenant vos connaissances avec ce QCM pour vérifier votre compréhension des règles de priorité en agglomération et en situation particulière.

1. Lorsqu'un bus quitte une voie réservée, que devez-vous faire ?
a) Céder le passage au bus
b) Accélérer pour éviter de bloquer le bus
c) Continuer normalement sans prêter attention au bus

2. En montagne, qui a la priorité lorsqu'il est impossible de se croiser sur une route étroite ?
a) Le véhicule qui descend
b) Le véhicule qui monte
c) Le plus petit véhicule

3. Que devez-vous faire si vous arrivez à une intersection où les feux de signalisation sont en panne ?
a) Appliquer la règle de la priorité à droite

b) Ignorer l'intersection et passer rapidement
c) Céder le passage uniquement aux véhicules venant de gauche

4. Dans quelle situation devez-vous céder la priorité aux piétons en agglomération ?
a) Uniquement lorsqu'ils traversent un passage protégé
b) À tout moment, même en dehors des passages protégés
c) Uniquement si un feu pour piétons est allumé

3.12 Récapitulatif des règles de priorité

Pour conclure ce chapitre sur les règles de priorité, voici un récapitulatif des points essentiels à retenir :

- **Priorité à droite** : Appliquez cette règle dans toutes les intersections non signalées, sauf indication contraire.
- **Cédez le passage et stop** : Respectez ces panneaux dans les intersections signalées. "Cédez le passage" permet un ralentissement, tandis que "Stop" impose un arrêt complet.
- **Les ronds-points** : Toujours céder le passage aux véhicules déjà engagés.
- **Les piétons** : Ils ont la priorité absolue, surtout dans les zones protégées.
- **Routes de montagne** : Donnez la priorité aux véhicules qui montent, sauf exception pour les véhicules encombrants ou lourds.

En respectant ces règles, vous contribuerez à une circulation fluide et sécurisée, tout en évitant les sanctions ou les accidents. Une bonne maîtrise de ces priorités est également indispensable pour réussir l'examen du code de la route.

CHAPITRE 4 : MAÎTRISER SON VÉHICULE

La maîtrise de son véhicule est une compétence essentielle à développer avant de prendre la route. Savoir contrôler votre véhicule en toutes circonstances, que ce soit pour un démarrage en côte, un freinage d'urgence ou un stationnement précis, est fondamental pour garantir la sécurité de tous les usagers de la route.

4.1 Les commandes principales du véhicule

Pour bien maîtriser votre véhicule, vous devez d'abord être à l'aise avec les commandes principales qui vous permettent de le contrôler.

Voici les commandes principales à connaître :

- **Le volant** : Utilisé pour diriger le véhicule. Vos mains doivent être placées en position 9h15 pour un contrôle optimal.
- **Les pédales** : Il y a trois pédales dans une voiture manuelle :
    - **L'accélérateur** (à droite) permet de réguler la vitesse du véhicule.
    - **Le frein** (au centre) permet de ralentir ou d'arrêter le véhicule.
    - **L'embrayage** (à gauche) est utilisé pour

changer de vitesse.
- **La boîte de vitesses** : Dans une voiture manuelle, la boîte de vitesses permet d'adapter la vitesse de rotation du moteur en fonction de votre allure. Les vitesses doivent être passées en douceur pour éviter les à-coups.
- **Le frein à main** : Utilisé pour immobiliser le véhicule à l'arrêt, en particulier sur les pentes.

Conseil pratique : Avant de commencer à conduire, prenez le temps de vous familiariser avec ces commandes. Cela vous permettra de réagir rapidement et en toute sécurité dans des situations d'urgence,

4.2 La position de conduite idéale

La position de conduite est souvent sous-estimée, mais elle joue un rôle crucial dans votre capacité à maîtriser votre véhicule. Une bonne position vous permettra non seulement d'être à l'aise, mais aussi de mieux anticiper et réagir face aux situations imprévues.

Voici comment adopter la position de conduite idéale :

- **Réglez votre siège** : Votre siège doit être positionné de manière à ce que vos bras soient légèrement fléchis lorsque vous tenez le volant, et que vos pieds puissent appuyer confortablement sur les pédales.
- **Réglez vos rétroviseurs** : Assurez-vous que

vous avez une vision claire de la route derrière vous en ajustant vos rétroviseurs extérieurs et intérieur.

- **Attachez votre ceinture** : Avant de démarrer, assurez-vous que votre ceinture est bien attachée et qu'elle est ajustée pour être confortable et sécurisée.

Une position de conduite correcte améliore votre confort, mais surtout, elle réduit les risques d'accidents en vous offrant une meilleure maîtrise des commandes.

4.3 Démarrage et arrêt en toute sécurité

Le démarrage et l'arrêt du véhicule sont les premières manœuvres que vous apprendrez en tant que conducteur. Ces étapes doivent être exécutées en toute sécurité pour éviter les risques d'accidents, notamment lors de situations comme le démarrage en côte ou l'arrêt brusque.

Le démarrage :

1. **Allumez le moteur** : Enfoncez l'embrayage et tournez la clé ou appuyez sur le bouton de démarrage.
2. **Passez la première vitesse** : Gardez l'embrayage enfoncé et passez en première vitesse.
3. **Relâchez l'embrayage progressivement** : Accélérez doucement en relâchant progressivement l'embrayage pour éviter les à-coups. Si vous êtes en côte, utilisez le frein

à main pour éviter de reculer.
4. **Regardez vos rétroviseurs** : Assurez-vous que la voie est dégagée avant de vous engager dans la circulation.

L'arrêt du véhicule :

1. **Freinez progressivement** : Pour un arrêt en douceur, commencez à ralentir en relâchant l'accélérateur et en appuyant doucement sur la pédale de frein.
2. **Débrayez** : Avant de vous arrêter complètement, enfoncez l'embrayage pour éviter que le moteur ne cale.
3. **Mettez le frein à main** : Une fois à l'arrêt, engagez le frein à main pour immobiliser le véhicule.

4.4 QCM : Testez vos connaissances sur la maîtrise du véhicule

Voici un QCM pour vérifier votre compréhension des commandes du véhicule et des manœuvres de base.

1. Quelle est la position correcte des mains sur le volant ?
a) 10h10
b) 9h15
c) 8h20

2. Que devez-vous faire avant de démarrer votre véhicule ?
a) Appuyer sur le frein uniquement
b) Attacher votre ceinture et ajuster vos rétroviseurs

c) Allumer le moteur sans vérifier les rétroviseurs

3. Que devez-vous faire pour éviter de reculer lors d'un démarrage en côte ?

a) Accélérer rapidement
b) Utiliser le frein à main
c) Laisser l'embrayage totalement relâché

4. Quelle est l'étape finale lors de l'arrêt complet d'un véhicule ?

a) Relâcher l'accélérateur
b) Freiner doucement
c) Engager le frein à main

4.5 Les virages : comment les aborder en toute sécurité

Prendre un virage en toute sécurité nécessite une bonne maîtrise de la vitesse et du volant. Voici les étapes à suivre pour réussir vos virages sans danger :

1. **Anticipez le virage** : Avant d'entrer dans un virage, il est important de ralentir en douceur pour éviter les à-coups brusques. Ne freinez jamais brusquement en plein virage, car cela pourrait provoquer une perte de contrôle du véhicule.

2. **Tournez le volant progressivement** : Une fois à la bonne vitesse, commencez à tourner le volant tout en douceur. Ne faites jamais de mouvements brusques.

3. **Accélérez en sortie de virage** : Lorsque vous quittez le virage, vous pouvez commencer

à réaccélérer progressivement, toujours en gardant le contrôle de votre véhicule.

Conseil pratique : Sur les routes sinueuses ou en montagne, adaptez toujours votre vitesse aux conditions de la route et soyez attentif aux panneaux signalant des virages dangereux.

4.6 Le stationnement : manœuvres essentielles

Le stationnement est une compétence indispensable à maîtriser. Que ce soit pour se garer dans un parking ou en parallèle le long d'un trottoir, voici quelques conseils pour réussir vos manœuvres de stationnement.

- **Stationnement en bataille** : Ce type de stationnement est souvent utilisé dans les parkings. Voici les étapes à suivre :
    1. Placez-vous perpendiculairement à la place où vous souhaitez vous garer.
    2. Tournez le volant pour entrer dans la place tout en gardant un œil sur vos rétroviseurs pour ne pas heurter les véhicules voisins.
    3. Ajustez votre position si nécessaire en avançant ou en reculant légèrement.
- **Stationnement en créneau** : C'est le type de stationnement le plus redouté par les nouveaux conducteurs, mais avec de la pratique, il devient facile. Voici la méthode à suivre :
    1. Mettez-vous parallèlement au véhicule

garé devant l'emplacement vide, en laissant environ un mètre de distance.
2. Reculez en tournant votre volant pour entrer dans l'espace en créneau.
3. Ajustez votre position en avançant et reculant si nécessaire pour être bien droit par rapport au trottoir.

Conseil pratique : Prenez toujours votre temps pour vous garer. Il vaut mieux aller lentement et correctement ajuster votre position que d'essayer de se garer trop vite.

4.7 Les manœuvres d'urgence : comment réagir ?

La conduite implique parfois des situations imprévues, où il est nécessaire de réagir rapidement pour éviter un accident. Voici les principales manœuvres d'urgence que vous devez connaître :

- **Le freinage d'urgence** : Si vous devez freiner brusquement pour éviter un obstacle ou un accident, voici la procédure :
    1. Appuyez fermement sur la pédale de frein.
    2. Ne relâchez pas la pression sur le frein, même si le système ABS (système anti-blocage) s'active.
    3. Conservez votre trajectoire en tenant fermement le volant.
- **Éviter un obstacle** : Si un obstacle surgit sur la route (animal, piéton, etc.), vous devez parfois changer de direction rapidement tout

en maintenant le contrôle du véhicule. Voici comment :

1. Ne freinez pas brusquement, cela pourrait provoquer une perte d'adhérence.
2. Tournez rapidement le volant pour éviter l'obstacle, puis réalignez le véhicule.
3. Stabilisez votre vitesse et préparez-vous à réagir si nécessaire.

Conseil pratique : Toujours garder une distance de sécurité avec le véhicule devant vous afin d'avoir suffisamment de temps pour réagir en cas de freinage d'urgence.

4.8 QCM : Testez vos connaissances sur les manœuvres de conduite

Voici quelques questions pour vérifier votre compréhension des manœuvres de conduite essentielles.

1. Que devez-vous faire en entrant dans un virage ?
a) Accélérer pour gagner du temps
b) Ralentir et prendre le virage doucement
c) Freiner brusquement au milieu du virage

2. Comment effectuer un stationnement en créneau ?
a) Avancer directement dans l'emplacement
b) Reculez en tournant le volant, ajustez si nécessaire

c) Se garer uniquement en avant

3. Quelle est la procédure à suivre pour un freinage d'urgence ?
a) Appuyer doucement sur le frein
b) Relâcher immédiatement le frein si l'ABS s'active
c) Appuyer fermement sur le frein et maintenir la pression

4. Comment éviter un obstacle de dernière minute sur la route ?
a) Tourner rapidement le volant tout en maintenant la stabilité
b) Freiner brusquement sans toucher au volant
c) Ignorer l'obstacle et maintenir sa trajectoire

4.9 La conduite sur autoroute : anticiper et maîtriser sa vitesse

La conduite sur autoroute présente des défis spécifiques, en particulier en raison des vitesses élevées et du grand nombre de véhicules. Voici quelques conseils pour maîtriser votre conduite sur autoroute :

1. **Entrer sur l'autoroute** : Utilisez la voie d'accélération pour atteindre la même vitesse que les véhicules circulant sur l'autoroute avant de vous y insérer. Regardez bien vos rétroviseurs et utilisez vos clignotants pour signaler votre manœuvre.

2. **Maintenir une distance de sécurité** : À haute vitesse, il est crucial de maintenir

une distance de sécurité suffisante avec le véhicule devant vous. La règle des deux secondes peut vous aider à évaluer cette distance. Choisissez un repère sur la route, et assurez-vous que vous passez ce repère au moins deux secondes après le véhicule qui vous précède.

3. **Surveiller les limitations de vitesse** : Les autoroutes ont des limitations de vitesse spécifiques, souvent autour de 130 km/h en France, mais elles peuvent être réduites en cas de conditions météorologiques défavorables.

4. **Utiliser les voies correctement** : Sur autoroute, la voie de droite est destinée à la circulation normale. Les autres voies sont utilisées pour dépasser. Ne roulez jamais indéfiniment sur la voie de gauche, sauf pour dépasser.

Conseil pratique : Surveillez régulièrement vos rétroviseurs et ajustez votre vitesse selon les conditions de circulation. Rester vigilant est essentiel pour éviter les accidents à haute vitesse.

4.10 La conduite en conditions difficiles

La route peut devenir dangereuse en cas de conditions météorologiques défavorables telles que la pluie, le brouillard, la neige ou le verglas. Conduire dans ces conditions demande une attention particulière et des ajustements pour garantir la

sécurité.
- **Conduire sous la pluie** : La pluie réduit l'adhérence des pneus et allonge la distance de freinage. Réduisez votre vitesse, augmentez la distance de sécurité et utilisez les essuie-glaces. Soyez également attentif aux flaques d'eau qui peuvent provoquer l'aquaplaning.
- **Conduire dans le brouillard** : Utilisez vos feux de brouillard avant et arrière pour améliorer votre visibilité et celle des autres usagers. Réduisez considérablement votre vitesse et soyez prêt à freiner à tout moment.
- **Conduire sur neige ou verglas** : Adoptez une conduite souple et évitez les manœuvres brusques. En cas de neige, pensez à équiper votre véhicule de pneus adaptés ou de chaînes. Réduisez fortement votre vitesse et augmentez la distance de sécurité.

Conseil pratique : En cas de mauvaise visibilité, allumez vos feux de croisement même en journée pour être plus visible aux autres usagers de la route. Il vaut mieux arriver un peu plus tard que risquer un accident.

4.11 L'éco-conduite : rouler de manière écologique et économique

L'éco-conduite est une manière de conduire qui permet de réduire la consommation de carburant tout en minimisant l'impact environnemental de votre véhicule. Elle fait partie des pratiques que tout conducteur devrait adopter pour allier économie et respect de l'environnement.

Voici quelques conseils pour adopter une éco-conduite :

1. **Anticiper les ralentissements** : En levant le pied de l'accélérateur avant d'arriver à un feu rouge ou à un ralentissement, vous économisez du carburant tout en réduisant l'usure de vos freins.

2. **Maintenir une vitesse constante** : Les accélérations et décélérations brutales consomment beaucoup de carburant. Essayez de maintenir une vitesse stable en utilisant le régulateur de vitesse si votre véhicule en est équipé.

3. **Réduire le poids et la résistance** : Moins vous transportez de poids inutile dans votre véhicule, moins il consommera. De plus, retirez les barres de toit ou porte-vélos si vous ne les utilisez pas, car ils augmentent la résistance à l'air.

4. **Éviter le ralenti prolongé** : Lorsque vous êtes à l'arrêt pendant une longue durée, éteignez le moteur plutôt que de le laisser tourner au ralenti. Cela permet d'économiser du carburant et de réduire les émissions polluantes.

Conseil pratique : L'éco-conduite n'est pas

seulement bénéfique pour l'environnement, elle peut aussi vous faire économiser sur votre budget carburant, tout en préservant les composants mécaniques de votre véhicule.

4.12 QCM : Testez vos connaissances sur la conduite en conditions difficiles et l'éco-conduite

Testez vos connaissances avec ce QCM sur la conduite en conditions difficiles et l'éco-conduite.

1. Que devez-vous faire en cas de pluie sur la route ?
a) Augmenter votre vitesse pour traverser plus rapidement
b) Réduire votre vitesse et augmenter la distance de sécurité
c) Maintenir votre vitesse habituelle et ne pas vous inquiéter des flaques

2. Comment devez-vous réagir en cas de brouillard épais ?
a) Utiliser vos feux de route pour voir plus loin
b) Activer vos feux de brouillard et réduire votre vitesse
c) Maintenir une vitesse normale et rouler à proximité des autres véhicules

3. Qu'est-ce que l'éco-conduite permet de faire ?
a) Accélérer plus vite
b) Réduire la consommation de carburant et l'impact environnemental
c) Éviter tous les ralentissements

**4. Quelle est la meilleure pratique en cas

d'aquaplaning ?

a) Accélérer pour reprendre le contrôle
b) Freiner brusquement pour s'arrêter
c) Lever le pied de l'accélérateur et tenir fermement le volant

4.13 Récapitulatif des compétences de maîtrise du véhicule

Pour conclure ce chapitre sur la maîtrise du véhicule, voici les points essentiels à retenir :

- **Commandes principales** : Soyez à l'aise avec les pédales, la boîte de vitesses, le volant, et les rétroviseurs avant de conduire.
- **Position de conduite** : Une bonne position vous permet d'anticiper les manœuvres et de réagir rapidement.
- **Démarrage et arrêt** : Maîtrisez le démarrage en côte et l'arrêt sécurisé avec l'utilisation du frein à main.
- **Virages et stationnement** : Prenez les virages en douceur et stationnez prudemment, notamment en créneau.
- **Manœuvres d'urgence** : Réagissez correctement aux situations d'urgence avec un freinage efficace et en évitant les obstacles.
- **Conduite sur autoroute** : Anticipez votre insertion sur l'autoroute et respectez les limitations de vitesse.
- **Conduite en conditions difficiles** : Adaptez votre conduite selon la météo pour assurer la sécurité.

- **Éco-conduite** : Adoptez des comportements qui permettent de réduire la consommation de carburant tout en respectant l'environnement.

Ces compétences sont essentielles pour garantir une conduite en toute sécurité et réussir l'examen pratique du permis de conduire.

CHAPITRE 5 : ASSURER LA SÉCURITÉ DES PASSAGERS

La sécurité des passagers est un aspect fondamental de la conduite. En tant que conducteur, vous êtes responsable de la sécurité de tous les occupants de votre véhicule. Cela implique d'adopter de bonnes pratiques en matière de sécurité, notamment l'utilisation des ceintures de sécurité, le respect des limites de charge du véhicule, et la bonne installation des enfants et des objets à l'intérieur de la voiture.

5.1 Utilisation des ceintures de sécurité

La ceinture de sécurité est le premier rempart contre les accidents de la route. En France, l'utilisation de la ceinture est obligatoire pour tous les passagers, que ce soit à l'avant ou à l'arrière du véhicule. Il est de votre responsabilité en tant que conducteur de vous assurer que chaque passager porte sa ceinture avant de démarrer.

Les règles essentielles à connaître :

- Tous les passagers doivent attacher leur ceinture de sécurité, sans exception.
- La ceinture doit être bien ajustée : elle ne doit

pas être lâche ou tordue.
- Les enfants mesurant moins de 1,35 m doivent être installés dans un dispositif de retenue adapté à leur taille et à leur poids (siège auto, réhausseur).
- Si un passager ne porte pas sa ceinture, le conducteur peut être sanctionné.

Conseil pratique : Avant de démarrer, vérifiez toujours que tout le monde est bien attaché. Cela ne prend que quelques secondes, mais cela peut sauver des vies en cas d'accident.

5.2 La sécurité des enfants à bord

Les enfants sont des passagers particulièrement vulnérables. C'est pourquoi des règles spécifiques s'appliquent à leur transport dans les véhicules. En tant que conducteur, vous devez veiller à respecter ces règles pour garantir la sécurité des plus jeunes.

Les points à retenir :
- **Siège auto obligatoire** : Les enfants de moins de 10 ans doivent obligatoirement être installés dans un siège auto ou sur un réhausseur, adapté à leur taille et à leur poids.
- **Installation à l'arrière** : Les enfants de moins de 10 ans doivent être installés sur les sièges arrière du véhicule. Ils ne peuvent être installés à l'avant que si les sièges arrière sont déjà occupés par d'autres enfants ou si le véhicule n'a pas de sièges arrière.
- **Désactivation de l'airbag** : Si un enfant est

installé à l'avant dans un siège auto orienté vers l'arrière, vous devez désactiver l'airbag passager pour éviter tout risque en cas de choc.

Conseil pratique : Avant de prendre la route, vérifiez que le siège auto ou le réhausseur est correctement installé. Les enfants doivent toujours être correctement attachés, même pour de courts trajets.

5.3 La charge et la répartition des objets dans le véhicule

La sécurité des passagers ne dépend pas uniquement des ceintures de sécurité, mais aussi de la manière dont les objets sont chargés et répartis dans le véhicule. Un objet mal fixé ou trop lourd peut se transformer en projectile en cas de freinage brutal ou d'accident, mettant en danger les passagers.

Voici quelques règles à suivre :

- **Ne surchargez pas le véhicule** : Respectez la limite de charge maximale de votre véhicule. Si le véhicule est trop chargé, cela peut affecter sa maniabilité et allonger les distances de freinage.
- **Fixez correctement les objets lourds** : Les objets lourds doivent être placés dans le coffre et bien arrimés pour éviter qu'ils ne se déplacent en cas de freinage.
- **Ne placez pas d'objets sur la plage arrière** : Les objets posés sur la plage arrière peuvent être projetés en avant lors d'un freinage, blessant les passagers.

- **Utilisez des barres de toit ou des coffres de toit** : Si vous avez des objets volumineux à transporter, privilégiez l'utilisation de barres de toit ou d'un coffre de toit pour éviter d'encombrer l'intérieur du véhicule.

Conseil pratique : Lorsque vous transportez des objets dans votre voiture, prenez le temps de les fixer correctement, même si le trajet est court. Cela garantit une sécurité maximale pour vous et vos passagers.

5.4 QCM : Testez vos connaissances sur la sécurité des passagers

Voici quelques questions pour vérifier votre compréhension des règles de sécurité des passagers.

1. Quelle est la règle concernant la ceinture de sécurité ?

a) Seuls les passagers avant doivent la porter
b) Tous les passagers, à l'avant et à l'arrière, doivent la porter
c) Seuls les passagers de plus de 18 ans doivent la porter

2. Que devez-vous faire si vous transportez un enfant de moins de 10 ans ?

a) L'installer à l'avant
b) L'installer à l'arrière avec un siège auto adapté
c) Lui permettre de s'asseoir où il veut

3. Pourquoi est-il important de bien répartir la charge dans le véhicule ?

a) Pour faciliter l'accès aux objets pendant le trajet
b) Pour éviter que les objets ne deviennent dangereux en cas de freinage
c) Pour réduire la consommation de carburant

4. Que devez-vous faire si un enfant est installé à l'avant dans un siège auto orienté vers l'arrière ?
a) Désactiver l'airbag passager
b) Installer un deuxième airbag
c) Laisser l'airbag actif pour plus de sécurité

5.5 La sécurité des passagers handicapés

Les passagers en situation de handicap nécessitent des mesures de sécurité supplémentaires pour assurer un voyage en toute sécurité. En tant que conducteur, il est important de bien comprendre comment installer et protéger ces passagers spécifiques.

Voici quelques points à garder à l'esprit :

- **Siège adapté** : Certains passagers peuvent avoir besoin de sièges spécifiques pour garantir leur confort et leur sécurité. Assurez-vous que les équipements adaptés (sièges pivotants, ceintures ajustables) sont installés correctement.
- **Transport en fauteuil roulant** : Si vous transportez une personne en fauteuil roulant dans un véhicule adapté, veillez à ce que le fauteuil soit correctement arrimé au sol du véhicule et que le passager soit bien attaché.
- **Accès facilité** : Lorsque vous conduisez des

passagers à mobilité réduite, assurez-vous que le véhicule est accessible et que vous pouvez les aider à monter et descendre du véhicule sans difficulté.

Conseil pratique : Avant de prendre la route, vérifiez que tout est bien en place pour assurer le confort et la sécurité du passager. Prenez également le temps de vous familiariser avec les équipements spéciaux du véhicule pour éviter toute complication en route.

5.6 Les dispositifs de sécurité supplémentaires

Outre les ceintures de sécurité et les sièges auto, il existe d'autres dispositifs qui peuvent augmenter la sécurité des passagers à bord d'un véhicule.

- **Airbags** : Les airbags se déploient en cas de collision pour protéger les occupants des chocs. Toutefois, leur utilisation doit être accompagnée de l'usage de la ceinture de sécurité. Sans ceinture, l'airbag peut devenir dangereux.
- **Appuie-tête** : Les appuie-tête sont souvent négligés, mais ils jouent un rôle crucial dans la prévention du "coup du lapin" lors des collisions arrière. Ils doivent être réglés à la bonne hauteur pour protéger la nuque et la tête des passagers.
- **Verrouillage enfant** : Si vous transportez des enfants à bord, activez le verrouillage enfant sur les portes arrière pour éviter qu'ils ne les ouvrent accidentellement pendant le trajet.

Conseil pratique : Vérifiez régulièrement ces

dispositifs pour vous assurer qu'ils fonctionnent correctement et qu'ils sont bien réglés pour chaque passager.

5.7 Les animaux à bord : règles de sécurité

Les animaux de compagnie font partie de la famille et peuvent souvent voyager avec vous. Cependant, ils peuvent représenter un danger s'ils ne sont pas bien installés.

Voici quelques règles de sécurité à respecter lorsque vous transportez un animal :

- **Utilisez un harnais ou une caisse de transport** : Un animal en liberté dans le véhicule peut être dangereux en cas de freinage brusque. Utilisez un harnais de sécurité ou placez votre animal dans une caisse de transport bien fixée.

- **Évitez de laisser l'animal à l'avant** : Il est plus sûr de laisser votre animal à l'arrière du véhicule, de préférence dans une caisse ou attaché à la ceinture. En cas de collision, un airbag qui se déploie pourrait blesser l'animal s'il est à l'avant.

- **Ne laissez jamais un animal seul dans un véhicule fermé** : En été, la température dans une voiture peut grimper très rapidement, mettant votre animal en danger de mort par coup de chaleur.

Conseil pratique : Si vous partez pour un long trajet avec un animal, prévoyez des pauses régulières pour qu'il puisse se dégourdir les pattes, boire de l'eau et faire ses besoins.

5.8 QCM : Testez vos connaissances sur la sécurité des passagers handicapés et des animaux à bord

Voici quelques questions pour vérifier votre compréhension des règles de sécurité des passagers spécifiques et des animaux.

1. Comment devez-vous installer un passager en fauteuil roulant dans un véhicule adapté ?
a) Le laisser libre à l'arrière
b) Arrimer le fauteuil et attacher le passager
c) Lui permettre de rester sans ceinture pour plus de confort

2. Quel est le rôle des appuie-tête dans un véhicule ?
a) Assurer le confort des passagers
b) Protéger contre le coup du lapin en cas de collision arrière
c) Réduire la consommation de carburant

3. Quelle est la meilleure pratique pour transporter un animal de compagnie dans un véhicule ?
a) Le laisser à l'avant avec un harnais
b) Le mettre à l'arrière dans une caisse de transport bien fixée
c) Le laisser libre dans la voiture pour qu'il soit à l'aise

4. Que devez-vous faire pour assurer la sécurité d'un enfant dans une voiture avec des portes arrière ?

a) Activer le verrouillage enfant
b) Laisser les portes déverrouillées pour un accès rapide
c) Installer l'enfant sur le siège avant pour plus de contrôle

5.9 Les précautions supplémentaires en cas d'accident

Même en suivant toutes les règles de sécurité, il est toujours possible d'être impliqué dans un accident. Il est donc important de savoir quelles précautions prendre pour protéger les passagers en cas d'accident.

Voici les mesures de sécurité à suivre en cas de collision :

- **Rester calme** : La panique peut aggraver la situation. Restez aussi calme que possible et évaluez l'état de santé de tous les passagers.
- **Évacuation en toute sécurité** : Si vous devez évacuer le véhicule, assurez-vous de le faire en toute sécurité. Si possible, éloignez-vous de la route ou mettez-vous en sécurité derrière une barrière de sécurité.
- **Avertissement des autres usagers** : Utilisez vos feux de détresse et, si possible, placez un triangle de signalisation à une distance suffisante pour avertir les autres conducteurs de l'accident.
- **Appeler les secours** : Si quelqu'un est blessé ou si les dégâts sont importants, contactez les secours immédiatement. Donnez-leur les détails de l'accident et suivez leurs instructions.

Conseil pratique : Conservez toujours une trousse de secours et un gilet de haute visibilité dans votre véhicule. Ces outils peuvent vous aider à rester en sécurité et à assister les autres passagers en cas d'urgence.

5.10 Que faire en cas d'incendie ou de panne mécanique ?

Les incendies de voiture, bien que rares, peuvent se produire, tout comme les pannes mécaniques qui nécessitent de prendre des précautions spéciales pour assurer la sécurité des passagers.

Voici les actions à entreprendre en cas de panne ou d'incendie :

- **En cas de panne mécanique :**
    1. Si possible, arrêtez-vous sur le bas-côté ou dans une aire de repos.
    2. Activez vos feux de détresse et mettez votre gilet de haute visibilité.
    3. Sortez du véhicule avec les passagers et placez-vous derrière une barrière de sécurité si vous êtes sur l'autoroute.
    4. Appelez une assistance routière pour faire remorquer votre véhicule en toute sécurité.
- **En cas d'incendie :**
    1. Si vous constatez de la fumée ou des flammes, arrêtez immédiatement le véhicule et éteignez le moteur.

2. Évacuez tous les passagers et éloignez-vous du véhicule.
3. N'essayez pas d'éteindre le feu vous-même si celui-ci est déjà important. Contactez les services d'urgence.
4. Ne retournez jamais dans le véhicule, même pour récupérer des objets personnels.

Conseil pratique : Si vous conduisez fréquemment, envisagez d'avoir un extincteur dans votre véhicule. Cela pourrait vous permettre d'éteindre un début d'incendie avant qu'il ne devienne incontrôlable.

5.11 QCM : Testez vos connaissances sur les précautions en cas d'accident ou de panne

Testez vos connaissances avec ce QCM sur les actions à entreprendre en cas d'accident ou de panne.

1. Que devez-vous faire en premier lieu en cas d'accident ?
a) Quitter immédiatement le véhicule
b) Rester calme et évaluer la situation
c) Attendre dans la voiture que les secours arrivent

2. Quelle est la distance minimale recommandée pour placer le triangle de signalisation après un accident ?
a) 20 mètres
b) 50 mètres
c) 100 mètres

3. Que devez-vous faire si votre voiture prend feu ?

a) Tenter d'éteindre le feu vous-même avec une bouteille d'eau

b) Évacuer le véhicule immédiatement et appeler les secours

c) Rouler jusqu'à la station-service la plus proche

4. Que faire en cas de panne mécanique sur l'autoroute ?

a) Sortir du véhicule et attendre à côté

b) Activer les feux de détresse et attendre à l'intérieur du véhicule

c) Se placer derrière une barrière de sécurité avec les passagers

CHAPITRE 6 : LES SITUATIONS DANGEREUSES

La route est un environnement imprévisible, et il est important de savoir comment réagir face à certaines situations dangereuses. Que ce soit à cause des conditions météorologiques, d'une erreur d'un autre conducteur ou d'un imprévu sur la route, il est essentiel de rester vigilant et de savoir quoi faire pour minimiser les risques.

6.1 La fatigue au volant : un danger sous-estimé

La fatigue est l'une des principales causes d'accidents de la route. Conduire en étant fatigué peut altérer votre temps de réaction, diminuer votre concentration et augmenter le risque de s'endormir au volant.

Signes de fatigue à surveiller :

- Bâillements fréquents
- Difficulté à garder les yeux ouverts
- Problèmes de concentration
- Picotements ou raideurs dans le cou
- Erreurs dans la conduite (freinages brusques, oublis de changer de voie)

Conseils pour éviter la fatigue :

- Faites des pauses régulières toutes les deux heures, surtout lors de longs trajets.
- Évitez de conduire après un repas copieux ou dans les heures de somnolence (après le déjeuner ou tard le soir).
- Si vous sentez la fatigue vous gagner, arrêtez-vous dans une aire de repos pour prendre l'air ou faire une sieste de 15 à 20 minutes.

Conseil pratique : Si possible, alternez la conduite avec un autre conducteur lors des longs trajets pour éviter l'accumulation de fatigue.

6.2 La conduite sous l'influence de substances

Conduire sous l'influence de l'alcool, de drogues ou de certains médicaments est extrêmement dangereux. Ces substances peuvent altérer vos réflexes, réduire votre champ de vision et influencer négativement votre prise de décision.

Les risques associés à l'alcool et aux drogues :
- Réduction du temps de réaction
- Vision altérée, notamment la perception des distances
- Prise de risques inconsidérés
- Baisse de la concentration

En France, la limite légale du taux d'alcoolémie est de 0,5 g/l de sang pour les conducteurs expérimentés, et 0,2 g/l pour les jeunes conducteurs. Conduire sous l'influence de drogues est strictement interdit et sévèrement puni.

Conseils pour éviter la conduite sous influence :

- Si vous prévoyez de boire, désignez un conducteur qui ne consommera pas d'alcool ou utilisez les services de transport en commun.
- Évitez de conduire si vous avez pris des médicaments ayant des effets sédatifs ou réduisant la vigilance. Lisez toujours les notices des médicaments.

Conseil pratique : Si vous êtes en soirée et que vous avez bu, il est toujours préférable de rester sur place ou de prendre un taxi plutôt que de risquer votre vie et celle des autres.

6.3 Les distractions au volant

Les distractions au volant sont une autre cause fréquente d'accidents. Il est facile de se laisser distraire par un téléphone portable, un GPS, ou même une conversation avec un passager.

Types de distractions à éviter :

- **Le téléphone** : Passer un appel ou envoyer des SMS en conduisant est extrêmement dangereux. Utilisez un kit mains libres ou arrêtez-vous pour passer vos appels.
- **Le GPS** : Programmez votre itinéraire avant de démarrer et ne manipulez pas le GPS en conduisant.
- **Les passagers** : Une conversation animée ou des enfants bruyants peuvent détourner votre attention de la route.

Conseils pour éviter les distractions :
- Mettez votre téléphone en mode silencieux ou hors de portée pendant que vous conduisez.
- Si vous devez consulter votre GPS ou passer un appel, arrêtez-vous dans un endroit sûr.
- Apprenez à ignorer les distractions mineures pour rester concentré sur la conduite.

6.4 QCM : Testez vos connaissances sur les situations dangereuses

Voici quelques questions pour vérifier votre compréhension des situations dangereuses.

1. Quels sont les signes indiquant que vous êtes fatigué au volant ?
a) Erreurs fréquentes dans la conduite
b) Vous avez faim
c) Vous avez plus d'énergie que d'habitude

2. Que devez-vous faire si vous commencez à ressentir de la fatigue en conduisant ?
a) Augmenter votre vitesse pour arriver plus rapidement
b) Continuer à conduire en ouvrant les fenêtres
c) Faire une pause dans une aire de repos pour vous reposer

3. Quel est le taux légal d'alcoolémie pour un conducteur expérimenté en France ?
a) 0,2 g/l de sang
b) 0,5 g/l de sang
c) 1 g/l de sang

4. Quelle est la meilleure manière de gérer les distractions au volant ?

a) Manipuler le GPS uniquement dans les embouteillages

b) Passer des appels en utilisant un kit mains libres

c) Ignorer votre téléphone et vos passagers pour rester concentré

6.5 La conduite en cas de conditions extrêmes

Les conditions climatiques extrêmes, telles que des tempêtes, de fortes pluies ou la neige, représentent des dangers accrus sur la route. Conduire dans ces conditions demande une vigilance accrue et des ajustements dans la manière de conduire.

Conseils pour la conduite en conditions extrêmes :

- **Sous la pluie ou en cas d'inondation** : Réduisez votre vitesse pour éviter l'aquaplaning, et augmentez la distance de sécurité. Si la route est inondée, ne vous engagez pas si vous ne pouvez pas estimer la profondeur de l'eau.

- **En cas de tempête de neige** : Ralentissez considérablement et utilisez des pneus neige ou des chaînes si nécessaire. Évitez les manœuvres brusques pour conserver l'adhérence du véhicule.

- **Sous une tempête de vent** : Restez vigilant face aux risques de renversement, surtout si vous conduisez un véhicule lourd ou avec une caravane. Gardez une bonne prise sur le volant et évitez les dépassements dangereux.

Conseil pratique : Si les conditions météorologiques deviennent trop extrêmes, il est toujours plus sûr de s'arrêter dans une aire de repos ou de reporter votre trajet si possible.

6.6 Les routes de campagne : vigilance et adaptation

Conduire sur les routes de campagne présente des risques spécifiques. Elles sont souvent plus étroites, sinueuses, et moins bien entretenues que les routes urbaines ou les autoroutes. De plus, les animaux sauvages ou domestiques peuvent traverser la route de manière imprévisible.

Voici quelques conseils pour une conduite en toute sécurité sur les routes de campagne :

- **Réduire la vitesse** : Les routes de campagne sont souvent pleines de virages serrés et d'intersections sans signalisation. Réduisez votre vitesse pour avoir plus de temps pour réagir.
- **Anticiper les obstacles** : Soyez vigilant aux animaux, aux tracteurs, et aux cyclistes. Ces routes sont souvent utilisées par des véhicules agricoles qui circulent à une vitesse beaucoup plus lente.
- **Surveiller l'état de la route** : Les routes de campagne peuvent être dégradées, avec des nids-de-poule ou des gravillons. Soyez particulièrement prudent par temps de pluie,

car ces routes deviennent glissantes.

Conseil pratique : Restez toujours concentré et gardez une main ferme sur le volant pour éviter de perdre le contrôle du véhicule, surtout dans les virages.

6.7 La conduite de nuit : anticiper les dangers

La conduite de nuit est plus risquée que la conduite de jour en raison de la baisse de visibilité. Il est donc essentiel de bien se préparer et de redoubler de prudence lorsqu'on prend la route dans l'obscurité.

Voici quelques conseils pour conduire la nuit en toute sécurité :

- **Utiliser les feux correctement** : Assurez-vous que vos feux de route et feux de croisement fonctionnent bien avant de prendre la route. Utilisez vos feux de route sur les routes peu éclairées, mais passez aux feux de croisement lorsque vous croisez un autre véhicule pour ne pas éblouir le conducteur.

- **Ralentir** : La visibilité étant réduite, vous devez adapter votre vitesse pour avoir plus de temps pour réagir à un obstacle. La nuit, les distances peuvent paraître plus courtes qu'elles ne le sont réellement.

- **Prendre des pauses** : La conduite de nuit peut rapidement entraîner de la fatigue. Faites des pauses régulières pour rester alerte.

Conseil pratique : Si vous vous sentez somnolent,

arrêtez-vous immédiatement pour faire une pause. Ne prenez aucun risque en continuant à conduire.

6.8 QCM : Testez vos connaissances sur la conduite en conditions extrêmes et sur les routes dangereuses

Voici quelques questions pour vérifier votre compréhension des dangers liés aux conditions extrêmes et à la conduite de nuit.

1. Que devez-vous faire si vous conduisez sous une pluie intense ?
a) Accélérer pour éviter l'aquaplaning
b) Ralentir et augmenter la distance de sécurité
c) Ne pas vous arrêter, même si la route est inondée

2. Quelle est la bonne pratique pour conduire sur une route de campagne sinueuse ?
a) Accélérer dans les virages pour éviter les chocs
b) Ralentir et être vigilant aux intersections sans signalisation
c) Ne pas prêter attention à l'état de la route

3. Comment devez-vous utiliser les feux de route la nuit ?
a) Les allumer en permanence, même en croisant un autre véhicule
b) Les utiliser uniquement sur les routes peu éclairées et les éteindre lors des croisements
c) Les éviter, car ils éblouissent les conducteurs

4. Que devez-vous faire si vous vous sentez fatigué en conduisant la nuit ?

a) Ouvrir les fenêtres pour rester éveillé
b) Faire une pause dès que possible
c) Continuer à conduire jusqu'à destination

CHAPITRE 7 : LES MANŒUVRES DE STATIONNEMENT

Le stationnement est une compétence essentielle à maîtriser, que ce soit pour les tests du permis de conduire ou dans la vie quotidienne. Il existe plusieurs types de manœuvres de stationnement, chacune nécessitant une approche spécifique pour garantir un parking sécurisé et bien exécuté.

7.1 Le stationnement en bataille

Le stationnement en bataille est souvent utilisé dans les parkings, où les voitures se garent perpendiculairement à la route. Il peut être effectué en marche avant ou en marche arrière, mais la marche arrière est souvent recommandée pour avoir une meilleure visibilité au moment de repartir.

Comment réussir un stationnement en bataille :

1. **Positionnez votre véhicule** à environ un mètre de l'emplacement de parking et alignez-le avec la place.
2. **Tournez le volant** pour entrer en marche arrière, en surveillant attentivement vos rétroviseurs pour ne pas heurter les véhicules voisins.

3. **Ajustez la position** si nécessaire, en avançant ou en reculant légèrement pour vous centrer dans l'emplacement.

Conseil pratique : Lorsque vous vous garez en marche avant, vérifiez que vous laissez suffisamment d'espace pour ouvrir vos portes une fois garé.

7.2 Le stationnement en créneau

Le stationnement en créneau est l'une des manœuvres les plus redoutées par les apprentis conducteurs. Cependant, avec la bonne technique, il devient facile à maîtriser. Cette technique est souvent utilisée dans les rues où les places de stationnement sont parallèles à la chaussée.

Étapes pour réussir un stationnement en créneau :

1. **Mettez-vous parallèlement** au véhicule garé devant l'espace vide, à environ un mètre de celui-ci.
2. **Reculez doucement** en tournant le volant pour entrer dans l'espace, en surveillant attentivement la bordure du trottoir.
3. **Ajustez votre position** en avançant et reculant si nécessaire pour vous aligner correctement dans l'espace.

Conseil pratique : Utilisez vos rétroviseurs et n'hésitez pas à refaire la manœuvre si vous n'êtes pas bien aligné. Mieux vaut prendre votre temps que de risquer de heurter un autre véhicule.

7.3 Le stationnement en épi

Le stationnement en épi est une autre méthode couramment utilisée dans les parkings. Les voitures sont garées en diagonale par rapport à la route. Cette manœuvre est généralement plus facile à réaliser que le créneau.

Comment réussir un stationnement en épi :

1. **Approchez-vous lentement** de la place en laissant suffisamment de distance pour tourner.
2. **Tournez le volant** pour entrer dans la place en marche avant. Surveillez vos rétroviseurs pour ne pas heurter les autres véhicules.
3. **Ajustez votre position** si nécessaire pour vous centrer dans l'emplacement.

Conseil pratique : Comme pour le stationnement en bataille, la marche arrière peut parfois être plus facile pour sortir de la place.

7.4 QCM : Testez vos connaissances sur les manœuvres de stationnement

Voici quelques questions pour vérifier votre compréhension des différentes manœuvres de stationnement.

1. Quelle est la meilleure méthode pour entrer dans un stationnement en bataille ?
a) En marche avant, rapidement
b) En marche arrière, avec précaution

c) En marche avant, sans vérifier les rétroviseurs

2. Que devez-vous faire avant de commencer un stationnement en créneau ?

a) Vous mettre parallèle au véhicule devant l'espace vide

b) Entrer directement dans l'espace sans vous arrêter

c) Vous approcher du trottoir en marche avant

3. Quel est l'avantage de la marche arrière lors d'un stationnement en épi ou en bataille ?

a) Cela prend plus de temps

b) Cela permet d'avoir une meilleure visibilité pour repartir

c) Cela n'a aucun avantage

4. Que devez-vous surveiller lorsque vous entrez dans une place de stationnement en épi ?

a) La couleur des voitures voisines

b) La bordure du trottoir

c) Les rétroviseurs et les véhicules voisins

CHAPITRE 8 : LA SÉCURITÉ ROUTIÈRE

La sécurité routière regroupe l'ensemble des règles et comportements visant à réduire les accidents et à assurer la sécurité de tous les usagers de la route. En tant que conducteur, il est de votre responsabilité de connaître et d'appliquer ces règles pour garantir la sécurité de tous.

8.1 Les règles de base de la sécurité routière

La sécurité routière repose sur des règles simples mais essentielles qui permettent de prévenir les accidents et de minimiser les risques.

Voici les principales règles à respecter :

- **Respecter les limitations de vitesse** : Adapter sa vitesse aux conditions de la route et respecter les limitations est fondamental pour éviter les accidents.
- **Maintenir une distance de sécurité** : Gardez toujours une distance suffisante avec le véhicule qui vous précède pour avoir le temps de réagir en cas de freinage brusque.
- **Ne jamais conduire sous l'influence de l'alcool ou de drogues** : L'alcool et les drogues affectent vos réflexes, votre jugement et votre capacité à

conduire en toute sécurité.
- **Utiliser les clignotants** : Signalez toujours vos intentions aux autres usagers en utilisant vos clignotants pour changer de direction ou de file.
- **Porter la ceinture de sécurité** : Assurez-vous que tous les occupants du véhicule portent leur ceinture de sécurité, que ce soit à l'avant ou à l'arrière.

Conseil pratique : Soyez toujours attentif aux panneaux de signalisation et aux autres usagers de la route pour anticiper les dangers et réagir rapidement.

8.2 Les comportements à adopter en tant que conducteur responsable

La sécurité routière ne se limite pas aux règles de conduite. Il s'agit également d'adopter une attitude responsable au volant pour minimiser les risques d'accidents.

Voici quelques comportements à adopter :

- **Pratiquer l'éco-conduite** : En plus de réduire votre consommation de carburant, l'éco-conduite consiste à adopter une conduite souple et anticipative, ce qui réduit les risques d'accidents.
- **Rester calme** : Ne réagissez jamais de manière agressive ou impulsive face aux comportements des autres conducteurs. Gardez toujours votre calme et concentrez-vous sur la route.
- **Vérifier régulièrement l'état de votre véhicule** :

Avant de prendre la route, assurez-vous que votre véhicule est en bon état de marche (pneus, feux, freins, etc.).
- **Prendre des pauses régulières** : Si vous conduisez sur de longues distances, faites une pause toutes les deux heures pour éviter la fatigue.

Conseil pratique : Adoptez une conduite défensive en anticipant les mouvements des autres conducteurs. Cela vous permettra de réagir plus rapidement en cas d'imprévu.

Les Infractions et Sanctions

La conduite sur les routes implique le respect de certaines règles, et le non-respect de celles-ci peut entraîner des infractions. Ces infractions sont sanctionnées de différentes manières, selon leur gravité, et peuvent aller de simples amendes à la suspension ou l'annulation du permis de conduire.

10.1 Les différentes catégories d'infractions

Les infractions au code de la route sont classées en plusieurs catégories selon leur gravité. Chaque catégorie est assortie de sanctions spécifiques.

Voici les principales catégories d'infractions :
- **Contraventions** : Ce sont les infractions les moins graves (exemple : excès de vitesse de moins de 20 km/h, non-respect d'un stop). Elles sont punies par des amendes et, parfois, par un retrait de points sur le permis.

- **Délits** : Ce sont des infractions plus graves (exemple : conduite en état d'ivresse, délit de fuite). Elles entraînent des sanctions plus lourdes, comme la suspension du permis ou même des peines de prison.
- **Crimes** : Les infractions les plus graves sont rares en matière de sécurité routière, mais elles concernent des actes intentionnels ayant provoqué de graves accidents ou des décès (exemple : homicide involontaire).

Conseil pratique : Respecter les règles du code de la route vous évitera non seulement des sanctions, mais aussi des risques d'accident graves.

10.2 Les amendes et le retrait de points

Les amendes sont les sanctions les plus fréquentes en cas d'infraction au code de la route. Elles sont classées en différentes classes selon la gravité de l'infraction.

Les amendes sont réparties en cinq classes :

- **Classe 1** : Jusqu'à 38 euros (exemple : stationnement gênant).
- **Classe 2** : Jusqu'à 150 euros (exemple : non-port de la ceinture de sécurité).
- **Classe 3** : Jusqu'à 450 euros (exemple : excès de vitesse inférieur à 20 km/h).
- **Classe 4** : Jusqu'à 750 euros (exemple : usage du téléphone au volant).
- **Classe 5** : Jusqu'à 1 500 euros (exemple : excès de vitesse supérieur à 50 km/h).

Le retrait de points varie également selon l'infraction commise. En France, le permis de conduire est doté de 12 points pour les conducteurs expérimentés et 6 points pour les jeunes conducteurs (durant la période probatoire).

Voici quelques exemples de retrait de points :

- Excès de vitesse inférieur à 20 km/h : 1 point.
- Non-respect d'un stop ou d'un feu rouge : 4 points.
- Conduite en état d'ivresse : 6 points.

Conseil pratique : Une conduite responsable permet de conserver ses points et d'éviter des amendes souvent élevées.

10.3 La suspension et l'annulation du permis

Dans les cas les plus graves, une infraction peut entraîner la suspension ou l'annulation du permis de conduire. Ces sanctions sont souvent appliquées après des délits graves ou après une accumulation d'infractions.

La suspension du permis :

- La suspension temporaire du permis peut être prononcée pour une durée allant de quelques jours à plusieurs années. Durant cette période, le conducteur ne peut pas prendre le volant.
- Elle est généralement décidée pour des infractions graves telles que la conduite en état d'ivresse, la conduite sous l'effet de drogues, ou des excès de vitesse importants.

L'annulation du permis :

- L'annulation du permis est plus rare, mais elle peut être décidée dans des cas particulièrement graves, comme des récidives d'infractions graves ou un homicide involontaire en voiture.
- Le conducteur doit alors repasser l'examen du permis de conduire pour pouvoir conduire à nouveau.

Conseil pratique : La prudence au volant vous évite non seulement des sanctions lourdes, mais aussi de mettre votre vie et celle des autres en danger.

10.4 QCM : Testez vos connaissances sur les infractions et sanctions

Testez vos connaissances avec ce QCM sur les infractions au code de la route et les sanctions.

1. Quelle est la sanction pour un excès de vitesse inférieur à 20 km/h ?
a) Une amende et 1 point retiré
b) Une suspension du permis
c) Aucun retrait de points

2. Que risquez-vous en cas de conduite en état d'ivresse ?
a) Rien si personne n'est blessé
b) Une amende, 6 points retirés et une possible suspension du permis
c) Juste une réprimande

3. Quelle est la classe d'amende pour l'usage du téléphone au volant ?
a) Classe 2

b) Classe 4
c) Classe 5

4. Que devez-vous faire si vous perdez tous vos points sur votre permis ?
a) Attendre que les points reviennent automatiquement
b) Passer un stage de récupération de points
c) Repasser l'examen du permis de conduire

8.4 QCM : Testez vos connaissances sur la sécurité routière

Testez vos connaissances avec ce QCM sur la sécurité routière.

1. Que devez-vous faire pour maintenir une conduite sûre ?
a) Ignorer les panneaux de signalisation
b) Toujours respecter les limitations de vitesse et les distances de sécurité
c) Ne pas utiliser les clignotants

2. Que devez-vous faire pour éviter la fatigue lors de longs trajets ?
a) Continuer sans vous arrêter pour gagner du temps
b) Faire des pauses régulières toutes les deux heures
c) Conduire plus vite pour arriver plus rapidement

3. Quelles sont les conséquences d'un excès de vitesse important ?
a) Une simple réprimande
b) Une amende et un retrait de points
c) Rien du tout si vous ne vous faites pas arrêter

4. Pourquoi est-il important d'adopter une conduite défensive ?
a) Pour réagir rapidement aux imprévus
b) Pour rouler plus vite
c) Pour éviter d'utiliser les rétroviseurs

CHAPITRE 9 : LA CONDUITE ÉCOLOGIQUE

La conduite écologique, ou éco-conduite, vise à réduire la consommation de carburant tout en minimisant les émissions de gaz à effet de serre. En plus d'être bénéfique pour l'environnement, elle permet également de faire des économies sur les dépenses de carburant et d'entretien du véhicule.

9.1 Les principes de base de l'éco-conduite

Adopter une conduite écologique repose sur quelques principes simples, mais efficaces, qui vous permettront de conduire de manière plus respectueuse de l'environnement.

Voici les principes à suivre :

- **Anticiper les ralentissements** : En levant le pied de l'accélérateur avant d'arriver à un feu rouge ou un stop, vous économisez du carburant tout en réduisant l'usure des freins.
- **Maintenir une vitesse stable** : Les accélérations et décélérations brutales consomment plus de carburant. Essayez de maintenir une vitesse constante, notamment sur autoroute, en utilisant le régulateur de vitesse si votre véhicule en est équipé.

- **Passer rapidement aux vitesses supérieures** : Dans une voiture à boîte manuelle, passez rapidement à une vitesse supérieure pour limiter la consommation de carburant. L'idéal est de passer les rapports à environ 2 000 tours par minute.
- **Rouler à une vitesse modérée** : Une conduite à vitesse modérée permet de réduire considérablement la consommation de carburant. Respecter les limitations de vitesse est donc à la fois bénéfique pour votre portefeuille et pour l'environnement.

Conseil pratique : En ville, essayez de limiter les arrêts inutiles en maintenant une conduite fluide et en anticipant les feux et les ralentissements.

9.2 Entretenir son véhicule pour une conduite écologique

L'état de votre véhicule a un impact direct sur la consommation de carburant et sur les émissions de polluants. Un entretien régulier est donc essentiel pour adopter une conduite écologique.

Voici les éléments à surveiller régulièrement :

- **La pression des pneus** : Des pneus sous-gonflés augmentent la résistance au roulement, ce qui entraîne une surconsommation de carburant. Vérifiez régulièrement la pression de vos pneus et gonflez-les selon les recommandations du constructeur.
- **Les filtres** : Un filtre à air encrassé

réduit l'efficacité du moteur et augmente la consommation de carburant. Remplacez-le régulièrement pour garantir un bon rendement.
- **L'huile moteur** : Utiliser une huile moteur de qualité adaptée à votre véhicule permet de réduire la friction et d'optimiser la consommation de carburant.
- **Les freins** : Des freins mal entretenus peuvent provoquer une surchauffe et augmenter la consommation. Faites-les vérifier régulièrement pour éviter tout problème.

Conseil pratique : En maintenant votre véhicule en bon état, vous prolongez sa durée de vie tout en réduisant son impact sur l'environnement.

9.3 L'éco-conduite en ville et sur autoroute

L'éco-conduite s'adapte à différents types de routes, que vous soyez en ville, sur autoroute ou sur route de campagne.

En ville :
- Adoptez une conduite fluide en évitant les accélérations brutales.
- Essayez d'éviter les embouteillages en choisissant des itinéraires moins encombrés, si possible.
- Coupez le moteur lors des arrêts prolongés (si votre véhicule n'a pas de système start/stop).

Sur autoroute :
- Utilisez le régulateur de vitesse pour maintenir

une vitesse constante.
- Respectez les limitations de vitesse et ne roulez pas trop vite, car la consommation de carburant augmente avec la vitesse.
- Réduisez la charge du véhicule en évitant de transporter des objets inutiles qui augmentent la résistance à l'air et le poids total.

Conseil pratique : Roulez à 110 km/h plutôt qu'à 130 km/h sur autoroute pour économiser du carburant. Cela peut réduire votre consommation de 20 %.

9.4 QCM : Testez vos connaissances sur l'éco-conduite

Testez vos connaissances avec ce QCM sur l'éco-conduite.

1. Que devez-vous faire pour économiser du carburant en ville ?
a) Accélérer fortement entre chaque feu rouge
b) Adopter une conduite fluide en anticipant les ralentissements
c) Laisser tourner le moteur même à l'arrêt

2. Quelle est la meilleure manière de maintenir une vitesse constante sur autoroute ?
a) Utiliser le régulateur de vitesse
b) Passer en première vitesse pour stabiliser le véhicule
c) Accélérer et ralentir régulièrement pour éviter de dépasser la vitesse autorisée

3. Pourquoi est-il important de vérifier la pression des pneus régulièrement ?

a) Pour que la voiture roule plus vite
b) Pour réduire la consommation de carburant et améliorer la sécurité
c) Pour changer de pneus moins souvent

4. Quel est l'avantage de rouler à une vitesse modérée sur autoroute ?

a) Réduire la consommation de carburant
b) Augmenter la consommation de carburant
c) Faire moins d'arrêts

CHAPITRE 10 : PRÉPARER ET RÉUSSIR SON EXAMEN

10.1 Comprendre les objectifs de l'examen du Code de la Route

L'examen du Code de la Route est conçu pour tester vos connaissances théoriques sur les règles de circulation et les bonnes pratiques de conduite. Il vise à évaluer votre compréhension des panneaux de signalisation, des priorités, et des comportements à adopter sur la route pour garantir la sécurité de tous les usagers.

Les questions de l'examen couvrent plusieurs thématiques, notamment :

- **La signalisation routière** : Vous devrez identifier les panneaux et leur signification.
- **Les règles de priorité** : Savoir qui a la priorité dans différentes situations (ronds-points, intersections, etc.).
- **La sécurité routière** : Connaître les comportements à adopter pour éviter les accidents et protéger les autres usagers, notamment les piétons et les cyclistes.
- **La mécanique et l'entretien du véhicule** : Certaines questions aborderont l'entretien basique d'un véhicule, comme la vérification des

pneus ou des niveaux d'huile.

10.2 Les outils pour bien se préparer

La préparation est la clé pour réussir l'examen du Code de la Route. Aujourd'hui, il existe de nombreux outils pour vous aider à réviser efficacement. Voici quelques ressources indispensables pour vous préparer :

- **Manuels spécialisés** : Utilisez des manuels ou livres de révision qui couvrent l'ensemble des sujets abordés à l'examen.
- **Applications et sites internet** : De nombreuses plateformes en ligne proposent des séries de tests blancs qui vous permettront de vous entraîner dans les conditions réelles de l'examen.
- **Cours théoriques en auto-école** : Si vous vous êtes inscrit dans une auto-école, assistez aux cours théoriques qui couvrent toutes les règles et les astuces pour réussir l'examen.
- **Vidéos explicatives** : Visionner des vidéos éducatives peut vous aider à mieux comprendre certains concepts, notamment les priorités ou la signalisation complexe.

10.3 Les stratégies pour le jour de l'examen

Le jour de l'examen, il est essentiel d'aborder la séance avec calme et confiance. Voici quelques stratégies pour mettre toutes les chances de votre côté :

- **Arriver à l'avance** : Prévoyez d'arriver 15 à 30 minutes avant l'examen pour vous installer tranquillement et éviter le stress lié aux retards.
- **Bien lire les questions** : Prenez le temps de lire attentivement chaque question et ses propositions avant de répondre. Certaines questions peuvent sembler similaires mais ont des nuances importantes.
- **Ne pas se précipiter** : Si vous avez un doute sur une question, il est souvent utile de passer à la suivante et de revenir à la question plus tard. Vous pouvez ainsi mieux gérer votre temps et éviter les erreurs liées à la précipitation.
- **Se concentrer sur les réponses logiques** : Pour chaque question, éliminez les réponses clairement erronées. Cela vous permettra de mieux vous concentrer sur les réponses potentielles.

10.4 Les erreurs fréquentes à éviter

Pendant l'examen, certaines erreurs sont courantes et peuvent facilement être évitées si vous êtes bien préparé. Voici quelques-unes des erreurs les plus fréquentes et comment les éviter :

- **Ignorer les indices dans la question** : Parfois, les questions contiennent des indices importants qui vous aident à comprendre la bonne réponse. Ne vous précipitez pas sans avoir bien analysé la question.
- **Mauvaise interprétation des panneaux** : Soyez

sûr de bien différencier les panneaux de danger, d'interdiction et de priorité. Une confusion entre ces panneaux peut entraîner une mauvaise réponse.
- **Mauvaise gestion du temps** : Certaines personnes répondent trop rapidement par peur de manquer de temps. Gérez votre temps efficacement en allouant suffisamment de réflexion à chaque question.
- **Se fier aux habitudes personnelles** : Certaines personnes basent leurs réponses sur leurs habitudes de conduite plutôt que sur les règles exactes du Code de la Route. Rappelez-vous que l'examen vérifie vos connaissances théoriques, et non vos habitudes au volant.
-

10.5 Récupération des résultats et étapes après l'examen

Après avoir passé votre examen, les résultats vous seront communiqués rapidement. Si vous réussissez, vous recevrez une attestation qui vous permettra de passer à l'épreuve pratique de la conduite. Dans le cas contraire, ne vous découragez pas. Analysez les erreurs que vous avez commises, reprenez vos révisions, et programmez une nouvelle session d'examen.

10.6 QCM : Testez vos connaissances sur la préparation à l'examen

1. **Que devez-vous faire avant de répondre à une question d'examen ?**
- a) Répondre immédiatement pour gagner du temps
- b) Lire attentivement la question et les réponses possibles
- c) Demander l'avis d'un autre candidat
2. **Quel est l'outil le plus utile pour s'entraîner aux conditions réelles de l'examen ?**
- a) Regarder des vidéos de conduite
- b) Utiliser des tests blancs en ligne
- c) Lire les panneaux sur la route
3. **Quelle est une erreur fréquente lors de l'examen ?**
- a) Bien lire la question
- b) Confondre les panneaux d'interdiction et de priorité
- c) Prendre son temps pour répondre

RÉPONSES AUX QCM

Chapitre 1 : Les Bases du Code de la Route
- 1. b) 6 points
- 2. b) 0,5 g/l de sang
- 3. b) Une amende et un retrait de points
- 4. b) Utiliser un téléphone au volant

Chapitre 2 : Les Panneaux de Signalisation
- 1. a) Un virage dangereux à gauche
- 2. b) Un sens interdit
- 3. c) Un panneau d'indication
- 4. a) Une interdiction de dépasser

Chapitre 3 : Les Règles de Priorité
- 1. a) À toutes les intersections sans signalisation
- 2. a) Marquer un arrêt complet avant de céder le passage
- 3. b) Céder le passage aux véhicules déjà engagés
- 4. b) À tous les passages protégés, même s'ils ne sont pas encore engagés

Chapitre 4 : Maîtriser son Véhicule
- 1. b) 9h15

2. b) Attacher votre ceinture et ajuster vos rétroviseurs
3. b) Utiliser le frein à main
4. c) Engager le frein à main

Chapitre 5 : Assurer la Sécurité des Passagers
1. b) Tous les passagers, à l'avant et à l'arrière, doivent la porter
2. b) L'installer à l'arrière avec un siège auto adapté
3. b) Pour éviter que les objets ne deviennent dangereux en cas de freinage
4. a) Désactiver l'airbag passager

Chapitre 6 : Les Situations Dangereuses
1. a) Erreurs fréquentes dans la conduite
2. c) Faire une pause dans une aire de repos pour vous reposer
3. b) 0,5 g/l de sang
4. c) Ignorer votre téléphone et vos passagers pour rester concentré

Chapitre 7 : Les Manœuvres de Stationnement
1. b) En marche arrière, avec précaution
2. a) Vous mettre parallèle au véhicule devant l'espace vide
3. b) Cela permet d'avoir une meilleure visibilité pour repartir
4. c) Les rétroviseurs et les véhicules voisins

Chapitre 8 : La Sécurité Routière

1. b) Toujours respecter les limitations de vitesse et les distances de sécurité
2. b) Faire des pauses régulières toutes les deux heures
3. b) Une amende et un retrait de points
4. a) Pour réagir rapidement aux imprévus

Chapitre 9 : La Conduite Écologique

1. b) Adopter une conduite fluide en anticipant les ralentissements
2. a) Utiliser le régulateur de vitesse
3. b) Pour réduire la consommation de carburant et améliorer la sécurité
4. a) Réduire la consommation de carburant

Chapitre 10 : Préparer et Réussir son Examen

1. b) Lire attentivement la question et les réponses possibles
2. b) Utiliser des tests blancs en ligne
3. b) Confondre les panneaux d'interdiction et de priorité

CONCLUSION

Vous voilà arrivé à la fin de ce guide complet, La Bible du Code de la Route 2025. En parcourant ces chapitres, vous avez exploré tous les aspects essentiels pour préparer et réussir votre examen du Code de la Route. Que ce soit les règles de priorité, la signalisation, les bonnes pratiques de sécurité ou la gestion des situations complexes, vous avez maintenant en main tous les outils pour devenir un conducteur responsable et sécurisé.

Réussir l'examen du Code de la Route n'est pas qu'une simple formalité pour obtenir votre permis de conduire. C'est une étape cruciale pour comprendre l'importance du respect des règles de la circulation, non seulement pour votre propre sécurité, mais aussi pour celle des autres usagers de la route.

Quelques points clés à retenir :

- **La vigilance** est l'une des compétences les plus importantes sur la route. Vous devez toujours être conscient de votre environnement, anticiper les actions des autres conducteurs, et vous adapter aux conditions changeantes de la route.
- **La signalisation** est votre meilleur allié pour naviguer sur les routes en toute sécurité. Les panneaux vous informent des dangers,

des interdictions et des priorités, il est donc essentiel de bien les comprendre et les respecter.
- **La conduite écologique et responsable** vous permet non seulement de préserver l'environnement, mais aussi d'économiser du carburant et de réduire l'usure de votre véhicule.
- **La gestion des situations stressantes et des urgences** est primordiale. Conserver son calme et savoir quoi faire en cas de panne ou d'accident peut faire la différence.

L'examen du Code de la Route est une étape déterminante, mais il ne s'agit que du début de votre parcours de conducteur. Une fois votre permis obtenu, la route devient un espace de partage et de responsabilité. Chaque fois que vous prenez le volant, vous faites partie d'un réseau de milliers de conducteurs, piétons et cyclistes, avec qui vous devez coexister en toute sécurité.

N'oubliez jamais que le respect des règles du Code de la Route n'est pas qu'une question de réussite à un examen, mais bien un engagement quotidien pour assurer la sécurité de chacun. Apprenez, pratiquez, et conduisez prudemment.

Bonne chance pour votre examen, et à bientôt sur les routes en toute sécurité !

www.ingramcontent.com/pod-product-compliance
Lightning Source LLC
Chambersburg PA
CBHW050318230526
45471CB00005B/2248